いつの間にかお金持ち！

はじめての「株」入門

バリュー・インベスティング・アカデミー創設者
ケイデン・チャン

高橋書店

T・Kさん／女性・主婦

企業価値を見極めて、たとえば1万円の価値の企業の株を3000～9000円で買って、1万円以上の価値になるまでもち続ける。

それを1万3000円、2万円、2万5000円、3万円で買うから損をする……。

高値で買ってしまい、それが下がると損をする！　と考え方は単純明快です。

K・Mさん／女性・パート

もともと株などの投資には、悪いイメージしかもっていませんでした。

ただ、ケイデンさんとお会いして、その考え方が180度変わりました。

ハイリスク・ハイリターンの投資ではなく"負けない投資術"を学び、お金をコツコツと積み重ねていくことができています。

本書はこんな人に向いている

① 投資をまだやったことがない人
② かつて投資をして失敗している人
③ 老後の蓄えなどを考えている人
④ 投資に使えるお金がそんなにない人
⑤ 株価をチェックする時間がない人
⑥ チャートを見るのが苦手という人

著者に寄せられた声

A・Tさん／女性・会社員

株式投資といえばデイトレーダーのイメージだったので、私には興味がなかったんです。

しかし、ケイデンさんから投資法を教わった今、やらない理由が見あたりません。

K・Hさん／女性・主婦

買って良い株をしることで、絶対に負けないとわかりました。

ど素人の私でも内容を理解し、実践できています。

M・Nさん／男性・会社員

企業指標を短時間で割り出せるようになってから、資産を増やせるようになってきました。

負けないノウハウを教えてもらい、感謝の気持ちしかありません。

Y・Sさん／男性・会社員

ケイデンさんの教える投資術は、家族を守る一つの手段。その方法をしったとき、たとえ自分が倒れてしまっても、家族を経済的に辛い目に遭わせないようにできると感じました。

ありがとうございます。

K・Yさん／男性・自営業

私はこれまで、アナリストの話を鵜呑みにした株取引で、億近くの損失を出し、起業したばかりの会社を倒産寸前まで追い込んでしまった経験があります。そこでケイデンさんに最初にいわれた言葉「お金を失うな!!」は、心の奥底にまで刺さりました。

魅力的

その効果は絶大！

❸ 誰でもカンタンにできる

❹ ほかの投資法よりも安全

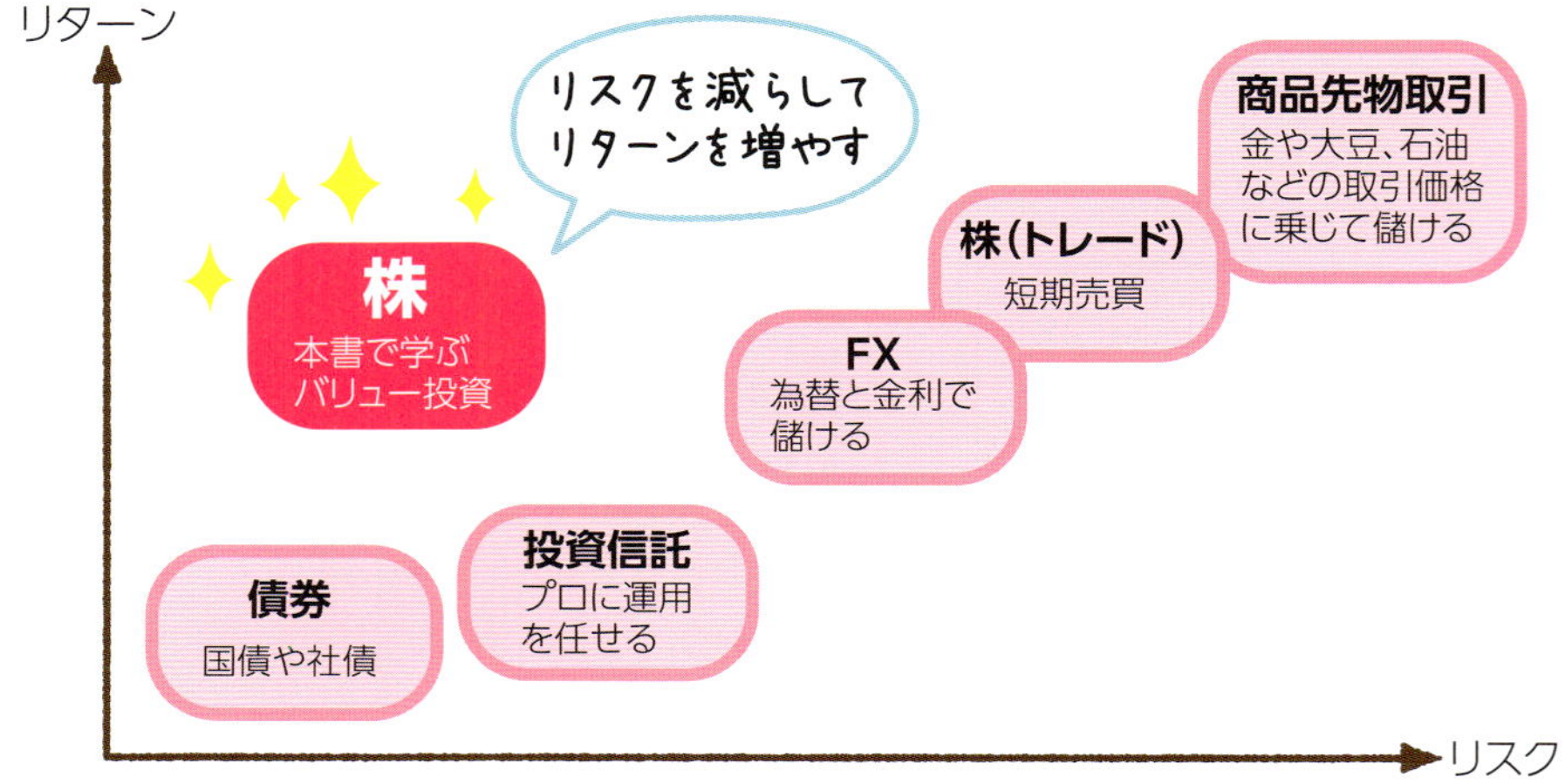

今こそ！「株」が

❶ 預金するより効果テキメン！

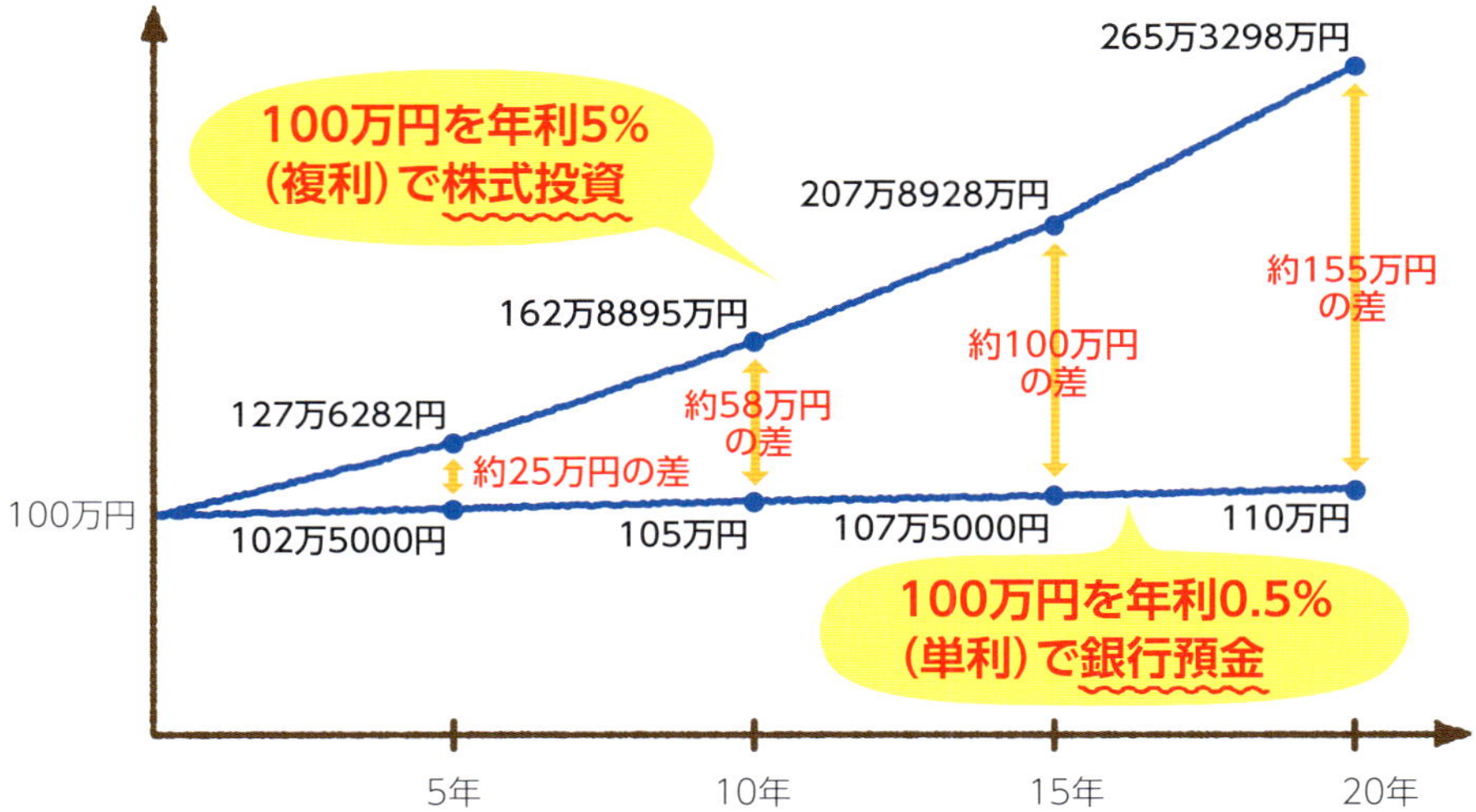

❷ 配当金が手に入る

会社に利益が出たら、その一部を配当としてもらえる

特集1

「バリュー投資」で大金持ち！

バリュー投資とは？

世の中には業績の良い会社・悪い会社があれば、成長に期待できる会社・できない会社もあります。**バリュー投資とは、業績が良く、将来的な成長にも期待できる会社でありながら、株価が高くないとき（割安株）をねらう手法です。**

株の投資法はさまざまありますが、なかでもバリュー投資は世界的にその有効性が認められているものです。世界長者番付第2位の投資家**ウォーレン・バフェット**もバリュー投資の実践者です。

バリュー投資は魅力がいっぱい

バリュー投資は株を割安なところで買って、株価の伸びを待つ投資法。数か月～数年間、保有します。その間は、たいしたチェックをしなくてもよいのです。

つねに株価を見ていなければならない手法もありますが、バリュー投資ならそんな必要はないのです。

また、本書で紹介する割安株の見つけ方をしってしまえば、迷わず投資対象を見つけ、高確率で利益を出せます。

ウォーレン・バフェットとは？

1930年生まれのアメリカの投資家。投資会社バークシャー・ハサウェイ会長兼CEO、筆頭株主。2017年のフォーブス世界長者番付で第2位、総資産約756億ドル（約8兆5000億円）とされる。慈善活動に熱心なことでも有名。

コロンビア大学で「バリュー投資の父」と呼ばれるベンジャミン・グレアムに師事し、バリュー投資を実践、巨額の資産を築き上げた。

バリュー投資の魅力!!

❶ ほったらかしでも、いつの間にか貯まっている!

選んだ会社の株を買ってしまえば、後はいちいち株価などをチェックする必要がない。たまに見るだけでOK。

買った会社の株価は上がっていくので、自然と利益も増えていきます。

さらに、投資家がよく見るチャートなどがわからなくてもカンタンに儲かります。

寝てる間も
ザックザク

❷ 確実に儲かる!

本書の基準をクリアした会社なら、実績と成長性は大丈夫。

さらに、買ってから株価が上がるまでは、配当金で儲けていきましょう。

よし!

❸ めぼしい会社がカンタンに見つかる

ふだん使っているモノやサービスを提供している会社から、めぼしいところを見つければいい。難しく考える必要はありません。

おお～っ

特集2

これから身につける4つのこと

銘柄をやみくもに選んで買っても、なかなか儲かりません。選ぶ際に、その会社の財務内容を調べたり、事業に将来性があるかを見極めたりします。となると、そのための最低限の「知識」が必要です。

また、投資には「元手」も必要です。投資に使える余裕資金などないという場合は、貯蓄を増やしてから始めると良いでしょう。

さらに、バリュー投資で利益を上げるには、「時間（期間）」があるほど有利です。

❶知識

損せず利益を上げるにはそれなりの知識が必要。とはいえ、誰でもわかるレベルです。

❷お金

投資は数万円から可能です。とはいえ、生活に支障をきたさない余裕資金から投資に回すようにしましょう。

❸時間（期間）

投資にかけられる期間は長ければ長いほど有利。若いころから取り組むのがベストですが、たとえ数年間でも十分稼げます。

❹行動

勉強はしているのに行動に移せない人は多い。動かなければ何も始まらない。実際に投資してみてわかることも多くあります。

この流れで利益をゲット!!

① 探す

身の回りから、ニュースから……。自分の興味ある会社でOK。

↓ PART2

② 評価する

探し出した会社の「質」を評価しよう。その方法はいたってカンタン。

↓ PART3

③ 判断する

評価基準をクリアした会社が、いま投資しても儲かるのかどうかを判断。

↓ PART4

④ 配分を考える

資金をうまく分散して投資できれば、後は利益が増えるのを待つだけ。

↓ PART5

本書に載っている基準を満たす会社でOK

こんな会社が魅力的！

・何をやって稼いでいるかわかりやすい
・将来性がある
・世界で（グローバルに）事業を展開している
・利益を出している。成長している
・他社に負けない特性がある
・上手な経営ができている
・株価が会社本来の価値よりも安い

良い会社を買うだけ

特集3

どの株を買ったらお金持ちになれる？

次に紹介する6つの会社のなかから、株を買って利益を出せる「優良企業」を、印象やイメージでかまわないので選んでみよう。

12ページから、それぞれが本当に儲かる会社なのか、本書で紹介する方法で、ざっと見ていきます。

なお、以降で紹介する各企業の数値は、2017年3月現在のものとなっています。

エントリー No.1

ソニー株式会社

DATA

- 売上高（連結）：7兆6032億5000万円
- 純利益：732億8900万円
- 資本金：8606億4500万円
- 従業員数（連結）：12万8400人

ソニーグループを統括する事業持ち株会社。AV機器のほか、グループ子会社を通じて、生命・損害保険、銀行、不動産、出版、アニメーション制作、電気通信事業などを手がける。また、映画事業や音楽分野にも重点をおいている。

連結子会社数は1292と、日本の会社で最も多い。

エントリー No.2

株式会社データ・アプリケーション

DATA

- 売上高（連結）：24億2600万円
- 純利益：4億3600万円
- 資本金：4億3000万円
- 従業員数（連結）：90人

企業間電子商取引（ＥＤＩ）パッケージソフトウェアの代表的メーカー。1982年に設立。90年ごろから、ＥＤＩパッケージを中心にリリースしてきている。

現在はマルチプラットフォーム対応のＥＤＩパッケージソフト「ＡＣＭＳ　Ｅ²Ｘ」「ＡＣＭＳ　Ｂ２Ｂ」を開発している。

エントリー No.3

三菱商事株式会社

DATA

- 売上高（連結）：
  6 兆 4257 億 6100 万円
- 純利益：4402 億 9300 万円
- 資本金：2044 億 4700 万円
- 従業員数（連結）：7 万 7164 人

日本5大商社の1つで、三菱グループの中核でもある。国内外のネットワークを通じて、エネルギー、金属、機械、化学品、生活産業関連の商品の売買や製造、資源開発、インフラ事業などを行う。

子会社には、大手コンビニエンスストア「ローソン」などもある。

エントリー No.4

科研製薬株式会社

DATA

- 売上高（連結）：
  1014 億 7900 万円
- 純利益：220 億 1700 万円
- 資本金：238 億 5300 万円
- 従業員数（連結）：1405 人

医薬品メーカー。1948年に株式会社科学研究所としてスタート。現在では80種類以上の医薬品を取り扱う。なかでも整形外科・皮膚科・外科の領域に力を入れている。

2014年には日本で初めての外用爪白癬治療剤「クレナフィン」を発売している。

エントリー No.5

株式会社アドヴァン

DATA

- 売上高（連結）：195 億 8500 万円
- 純利益：37 億 6600 万円
- 資本金：125 億円
- 従業員数（連結）：271 人

1975年設立。ヨーロッパ、アメリカ、アジア、アフリカなどから石材やタイルなどを輸入販売。そのほか、国産の建材の開発・販売、ガーデニング商品の販売も行う。

自社物流倉庫を全国3拠点に構えるほか、全国5か所にショールームを展開。

エントリー No.6

パナソニック株式会社

DATA

- 売上高（連結）：7 兆 3437 億円
- 純利益：1494 億円
- 資本金：2587 億 4000 万円
- 従業員数（連結）：25 万 7533 人

家電業界では国内首位、世界でも5位。ほかにも電池、照明器具、ホームエレベーターなどで国内シェアの首位を誇る。白物家電をはじめ、通信機器、住宅設備、産業機器といった電気機器を中心に多角事業を展開。

国内外で多くの企業と競合する一方、提携・合弁なども積極的に行っている。

チェック1

利益がしっかり伸びているか？

これまで業績が伸び続けてきた会社こそ、これからも伸び続ける・成長していく可能性は高いのです。そんな会社の株価は自然と上がっていきます。

それには、会社の業績（利益）が過去5年間伸び続けているかどうかを見ていきます。

これを調べるのに本書では、ＥＰＳ（1株あたり純利益）という指標を使います（68～69ページ、98～99ページを参照）。

この数値が過去5年間、おおむね伸びている会社はＯＫ、落ちている会社はＮＧです。

以降から、それぞれの会社のＥＰＳの動きを見ていきましょう。

エントリー No.1

ソニー株式会社

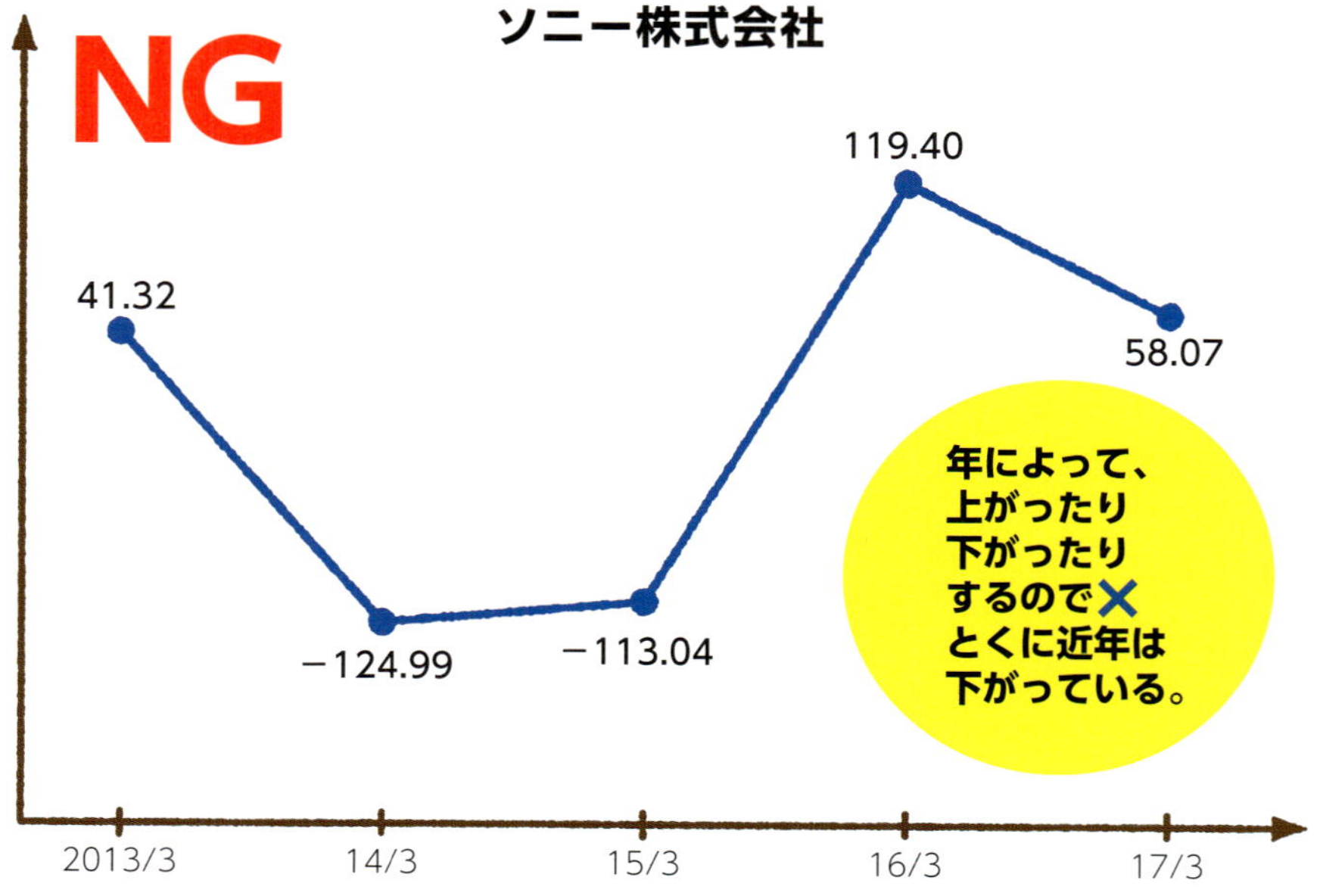

エントリー No.2

株式会社データ・アプリケーション

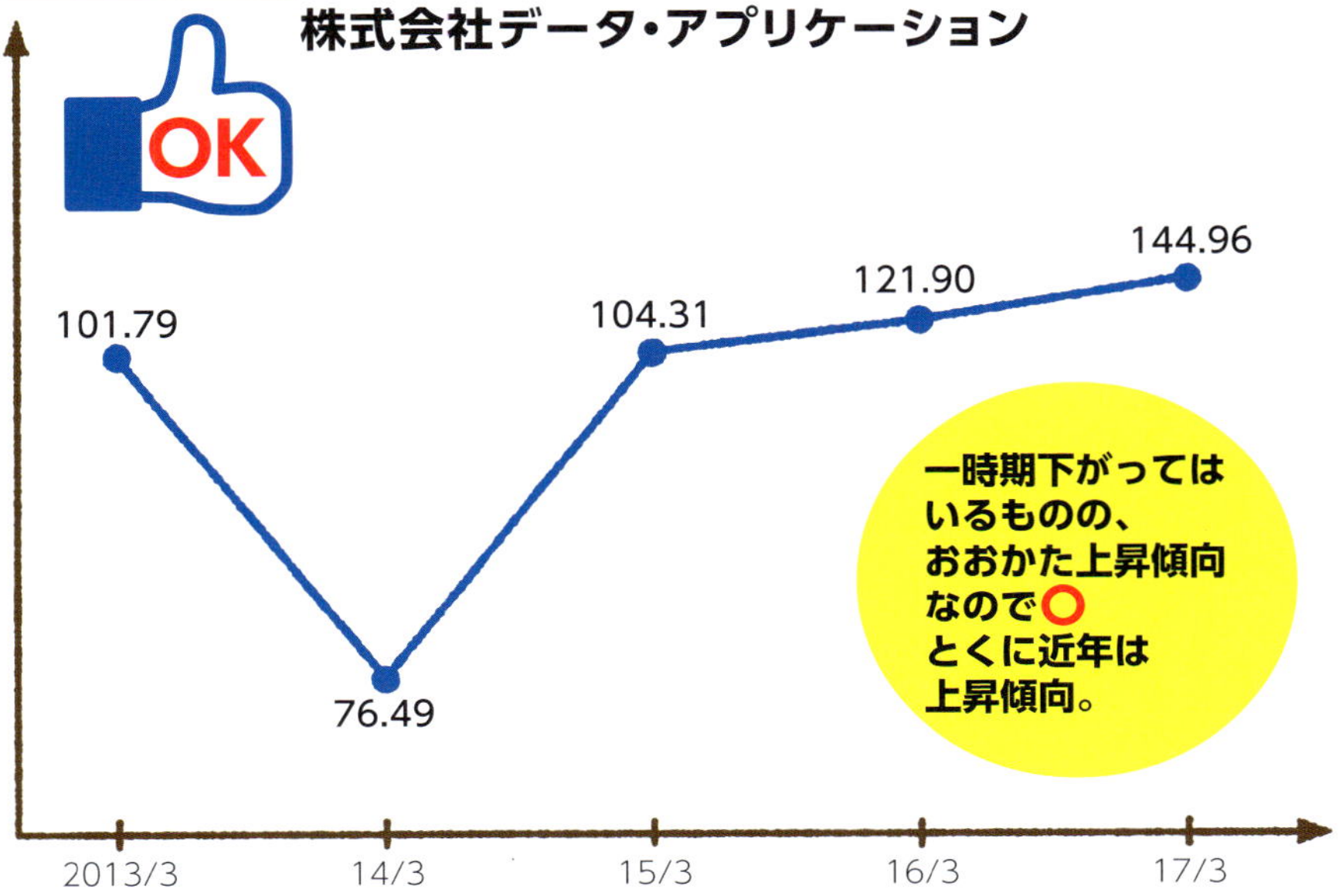

エントリー No.3

三菱商事株式会社

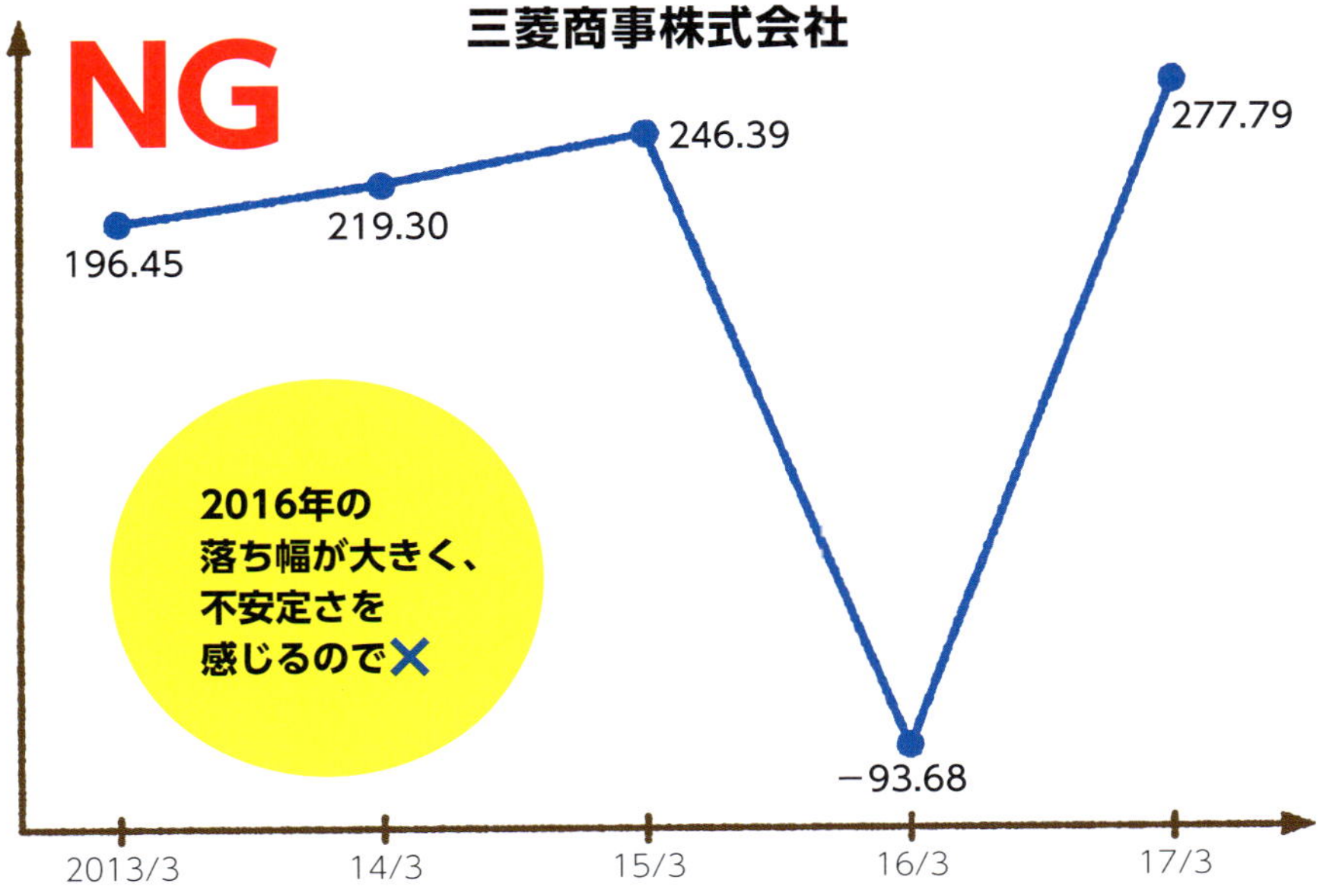

エントリー No.4

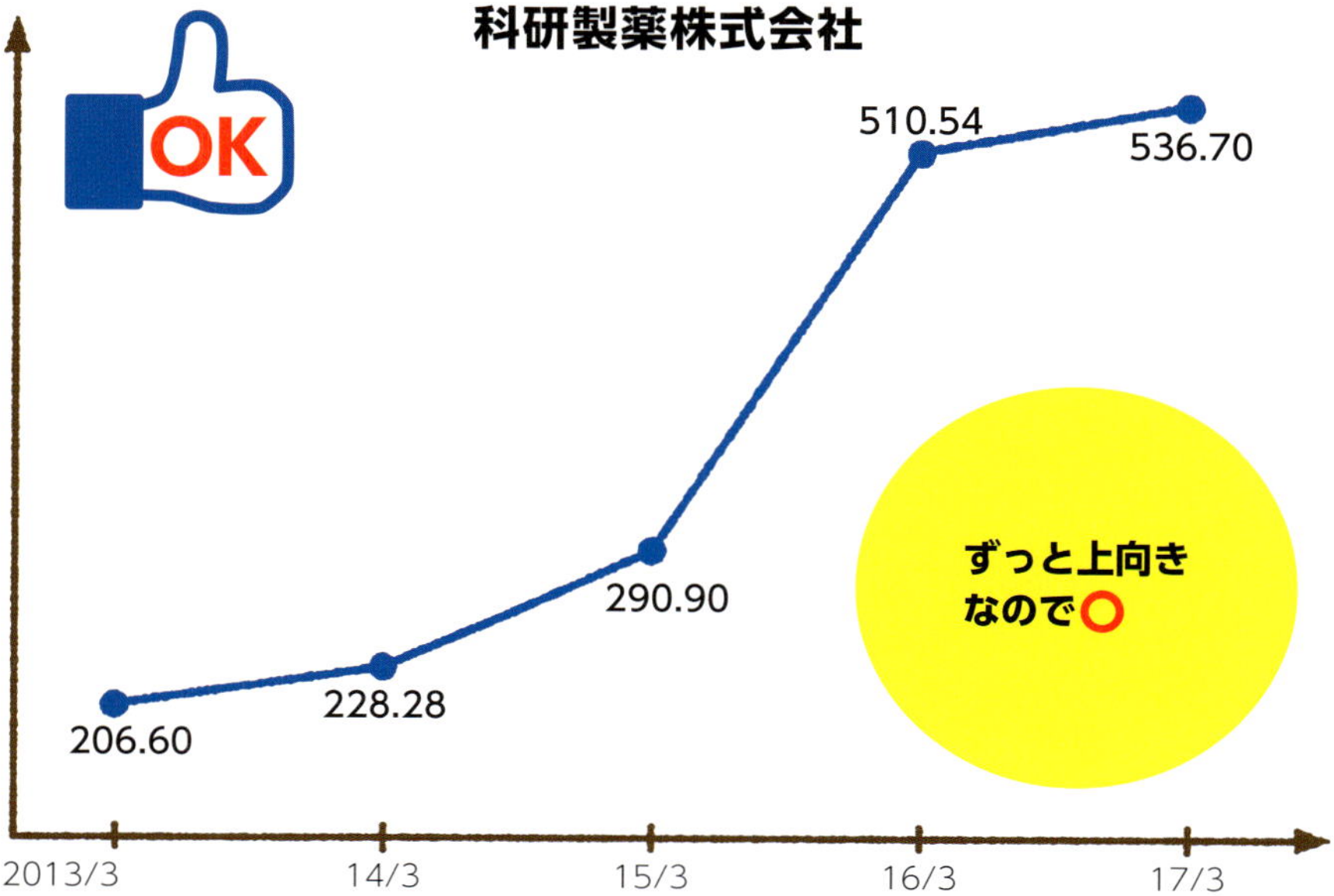

エントリー No.5

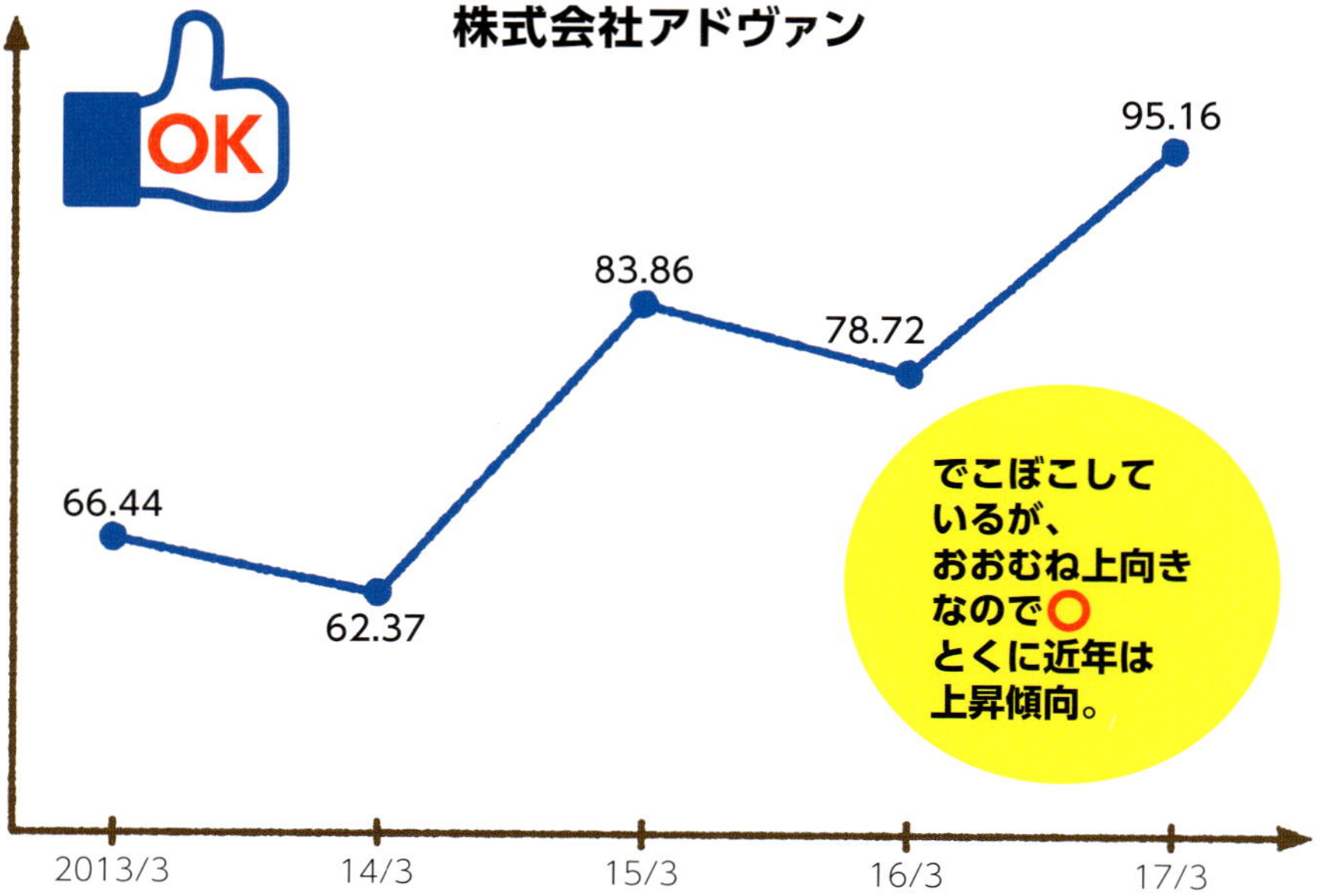

エントリー No.6

パナソニック株式会社

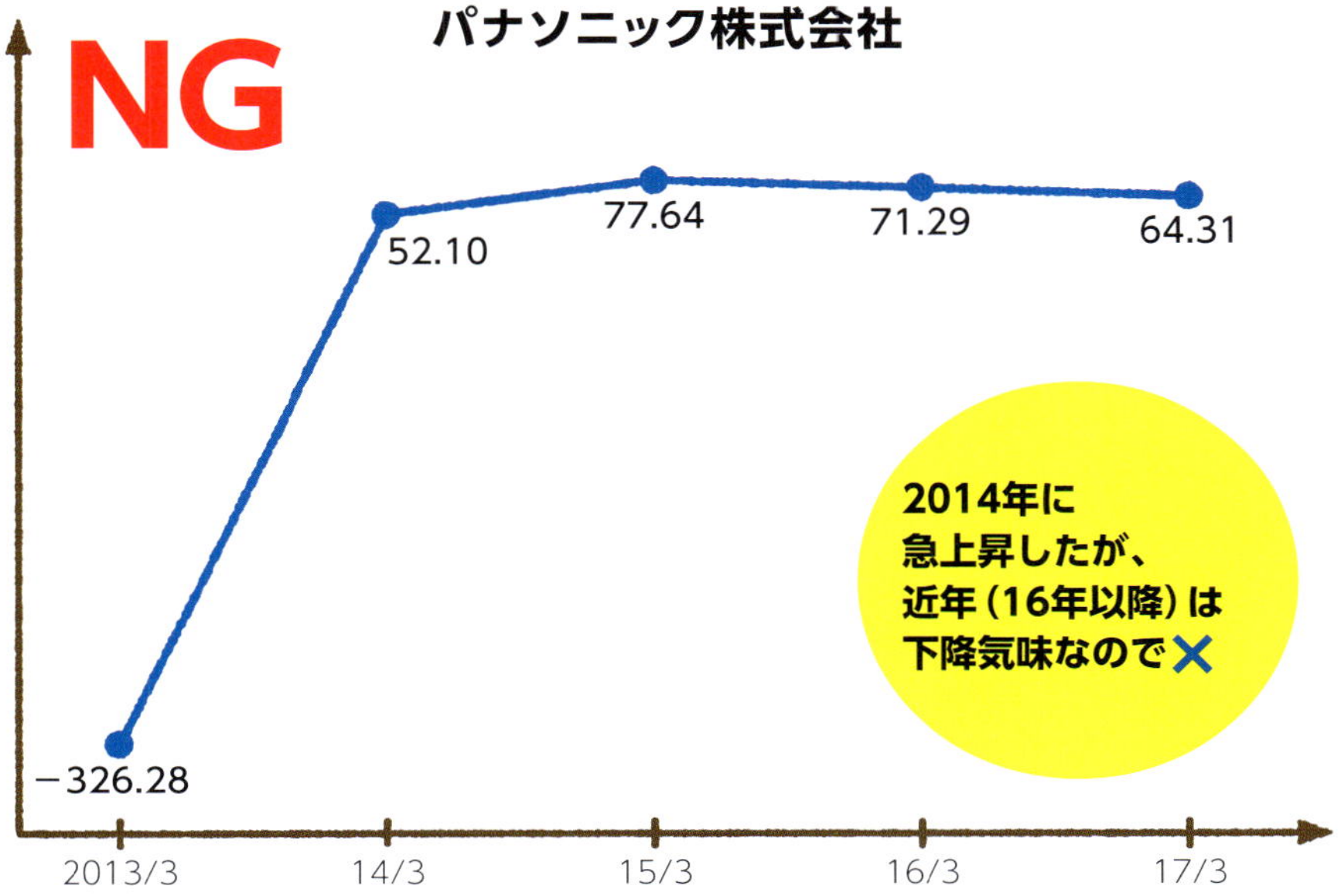

まとめ

一見、良さそうな会社が本当は悪かったり、そうでもなさそうなところが良かったり……。

じつは見た目や印象だけで会社を判断するのはとても危険なのです。

儲けるには、客観的な基準をクリアする会社じゃないといけません。その第一段階として、これまで成長し続けている会社をチェックしました。

なお、EPSの数値の大きさは関係ありません。上向きでありさえすればＯＫです。

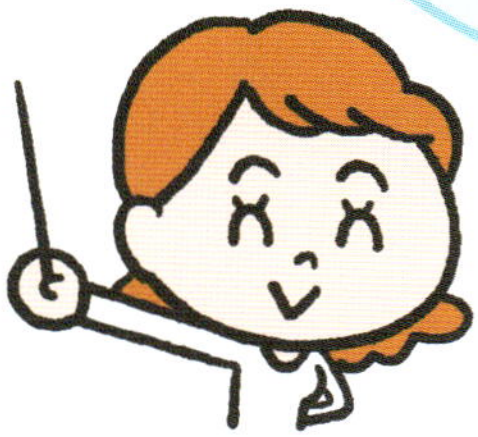

チェック2

経営が上手に行われているか？

儲けるには、成長し続けていることとともに、経営が上手に行われている会社であることも大切です。

ここでいう「上手な経営」とは、投資家から集めたお金を効率よく使って利益を上げている、ということです。

これを測るにはROE（株主資本利益率）という指標を使います（100〜101ページ参照）。

この数値が過去5年間、おおむね15％以上の会社はOKです。

ここからはチェック1をクリアした会社のROEの数値を見ていきましょう。

エントリー No.2

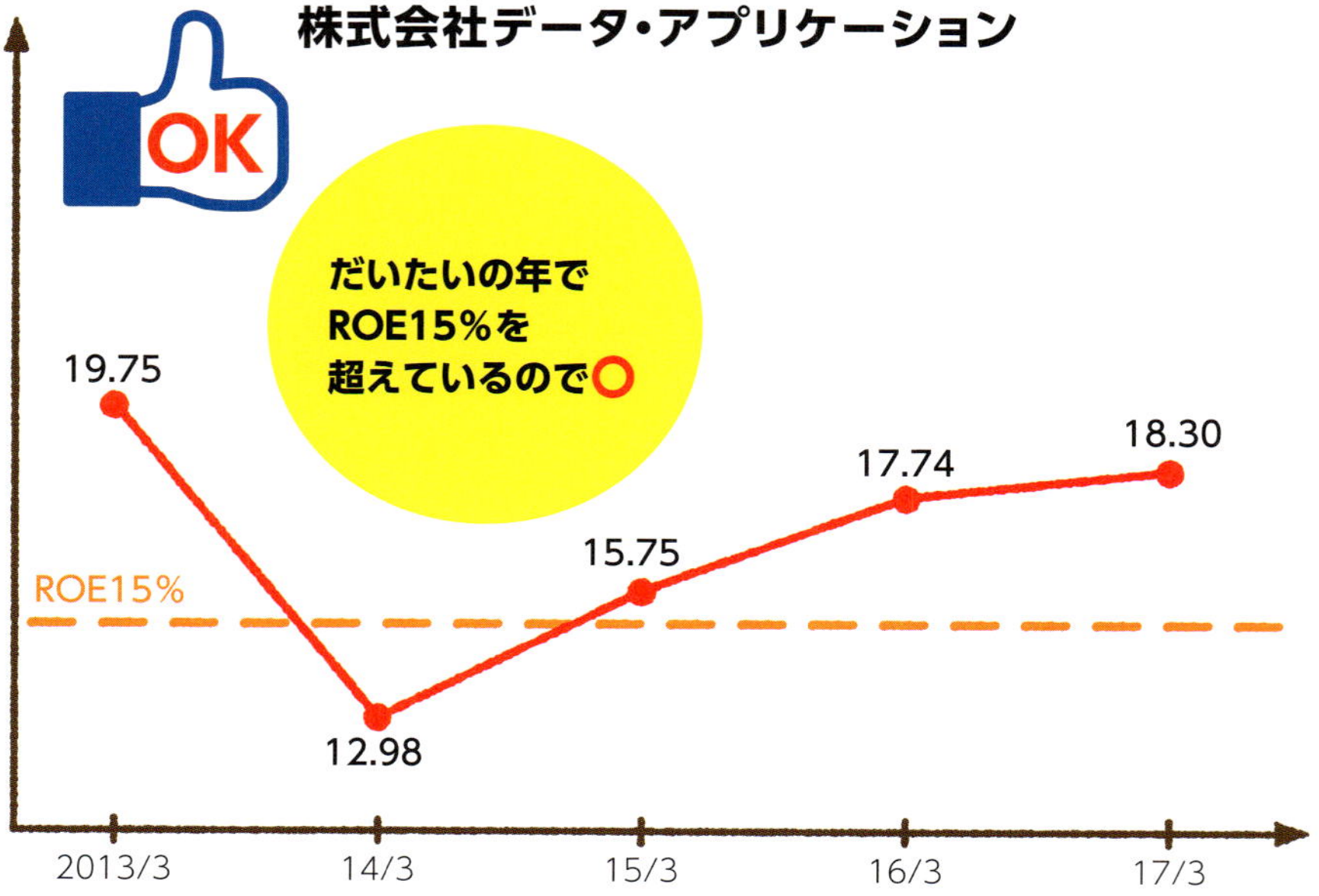

エントリー No.4

科研製薬株式会社

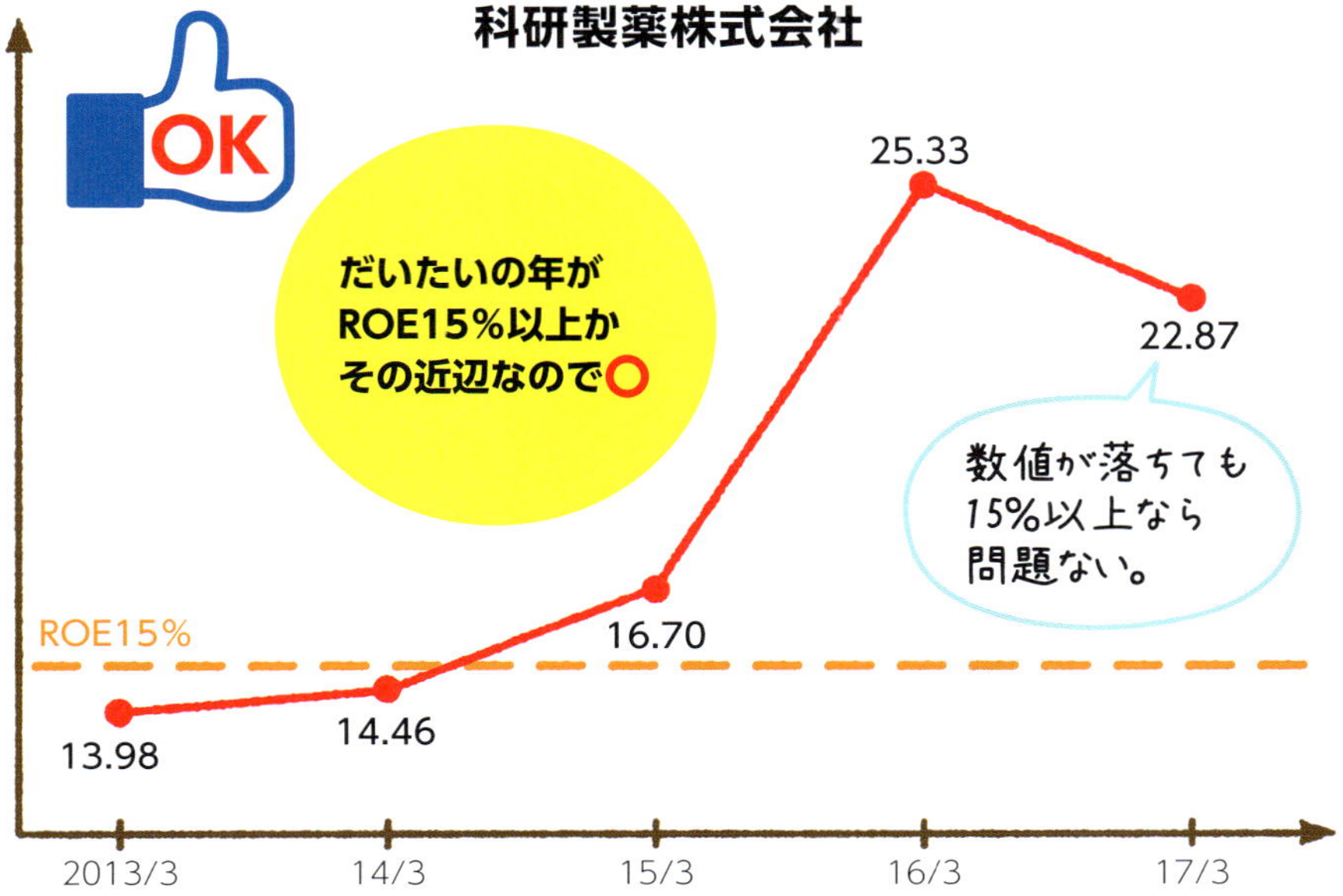

エントリー No.5

株式会社アドヴァン

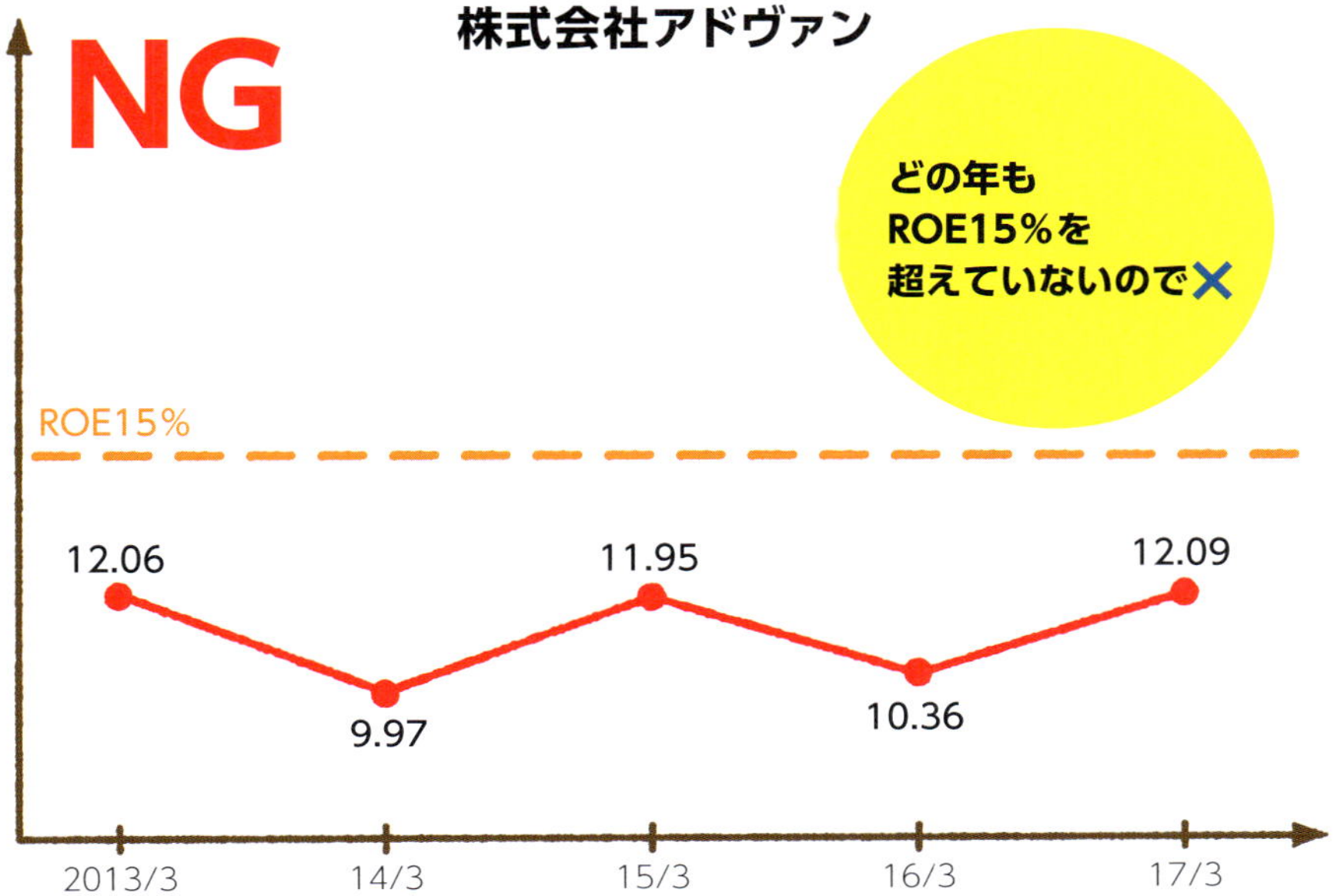

特集3のこたえ

利益を上げ続けている（成長し続けている）、経営が上手に行われている、の2点から、優良企業を探してみました。

本書で紹介する方法を使えば、さらに的確に、優良な企業を見つけ出せます。

注意

①使用したデータは2017年までのものです。これ以降、データの内容が変わっている場合もあります。

②ここでは、OKとした会社の株を推奨しているわけではありません。

③あくまでも株式投資をする際の良し悪しを見たもので、その会社自体の良し悪しを見たわけではありません。

	チェック1 EPS	チェック2 ROE	
ソニー株式会社	×	ー	
株式会社データ・アプリケーション	○	○	OK
三菱商事株式会社	×	ー	
科研製薬株式会社	○	○	OK
アドヴァン株式会社	○	×	
パナソニック株式会社	×	ー	

特集4

1000円の価値のモノをいくらで買うと得するか？

もしここに1000円の価値のモノがあったとしましょう。それを買って儲けることを考えると、いくらのときに買うのがベストか、下の①〜⑤のなかから選んでください（解答は次ページ）。

株を買うときも、これと同じ発想が求められます。たとえば、株価1000円が適正な会社なら、それがいくらのとき買えばいいかということになります。

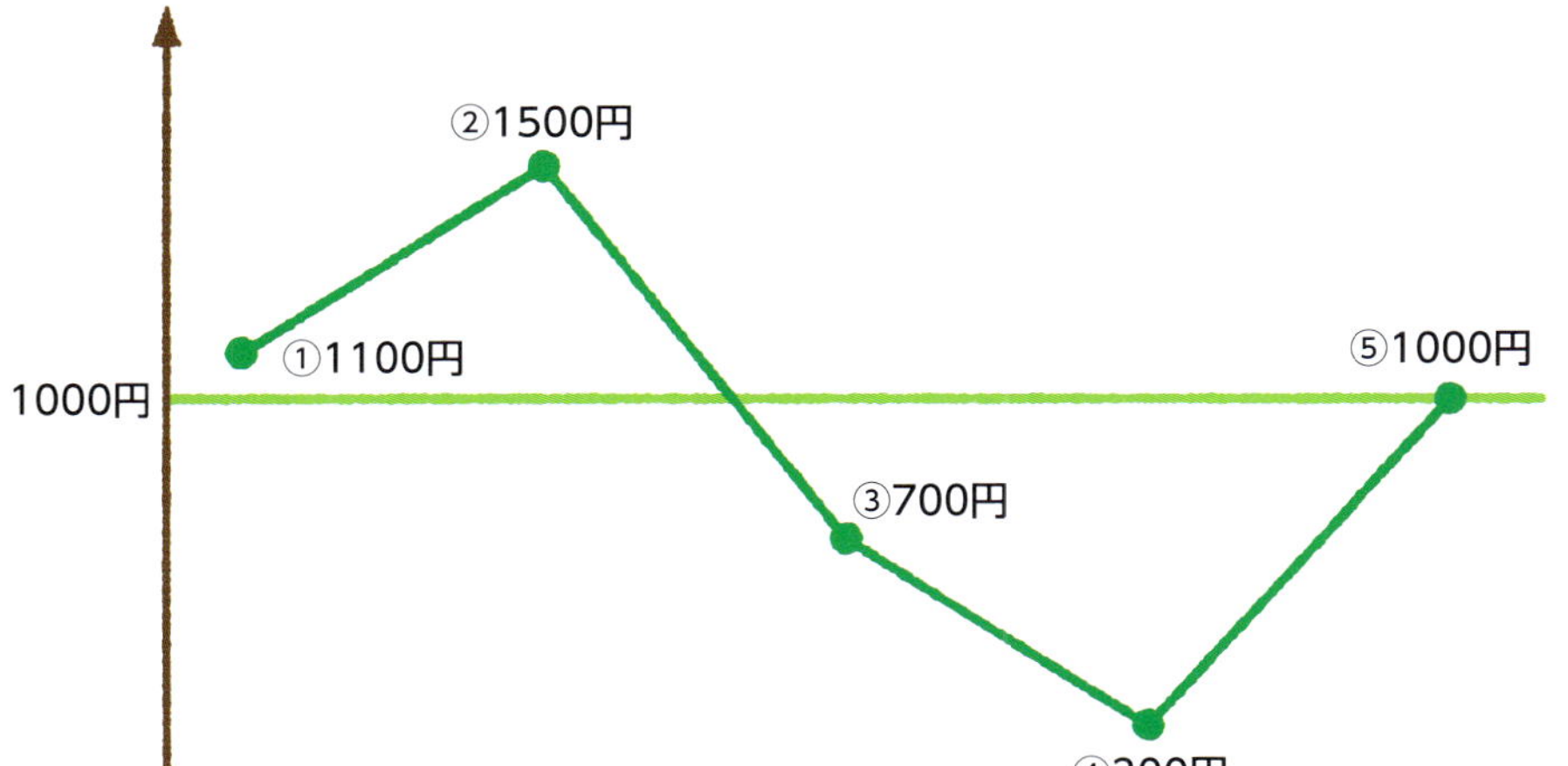

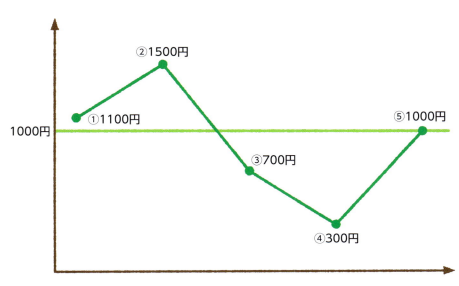

特集4のこたえ

原則

もともとの価値が1000円なので、
1000円超で買ったら損する。
1000円以下で買ったら得する。

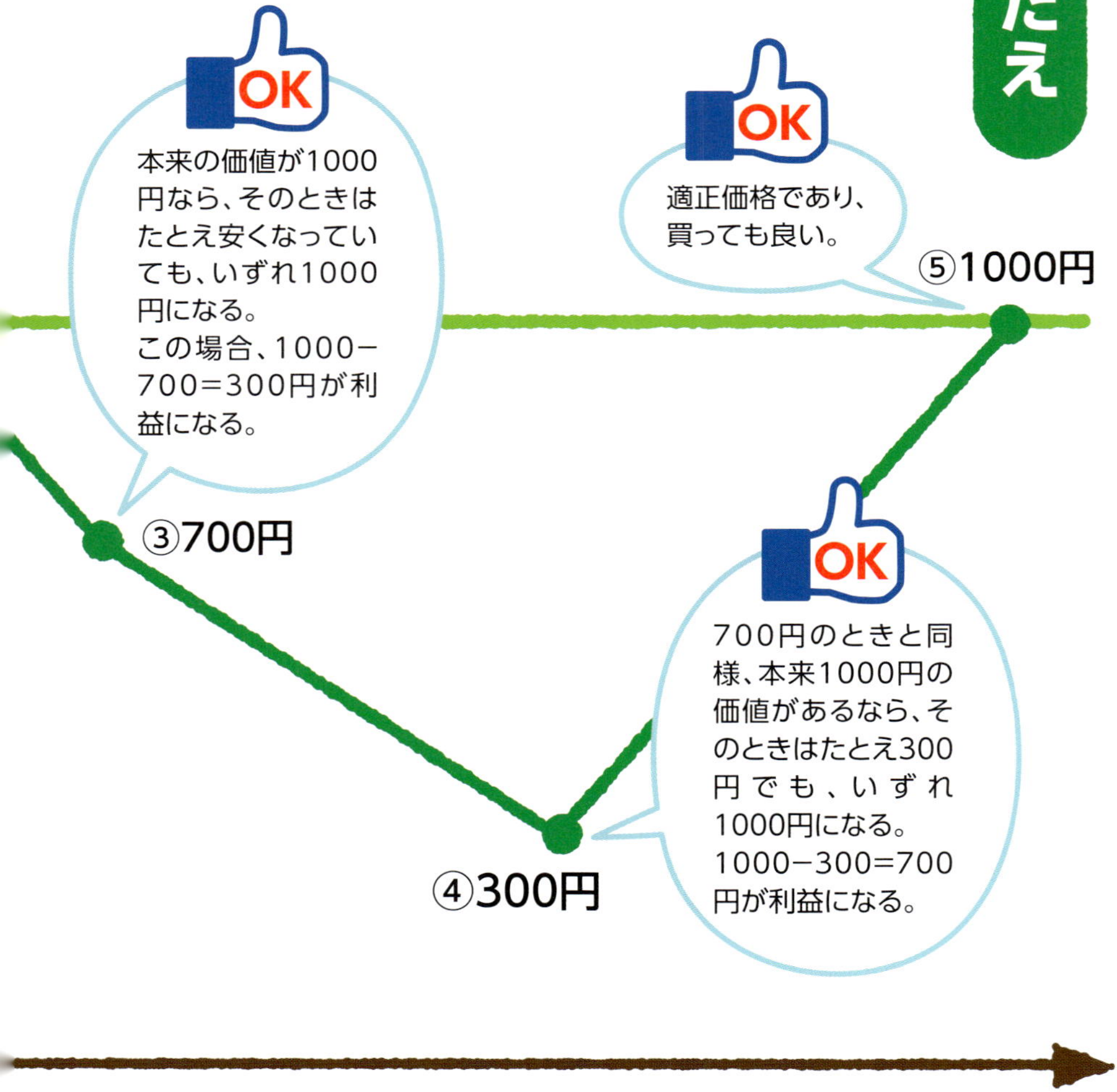
OK
本来の価値が1000円なら、そのときはたとえ安くなっていても、いずれ1000円になる。
この場合、1000−700=300円が利益になる。
③700円
OK
700円のときと同様、本来1000円の価値があるなら、そのときはたとえ300円でも、いずれ1000円になる。
1000−300=700円が利益になる。
④300円
OK
適正価格であり、買っても良い。
⑤1000円

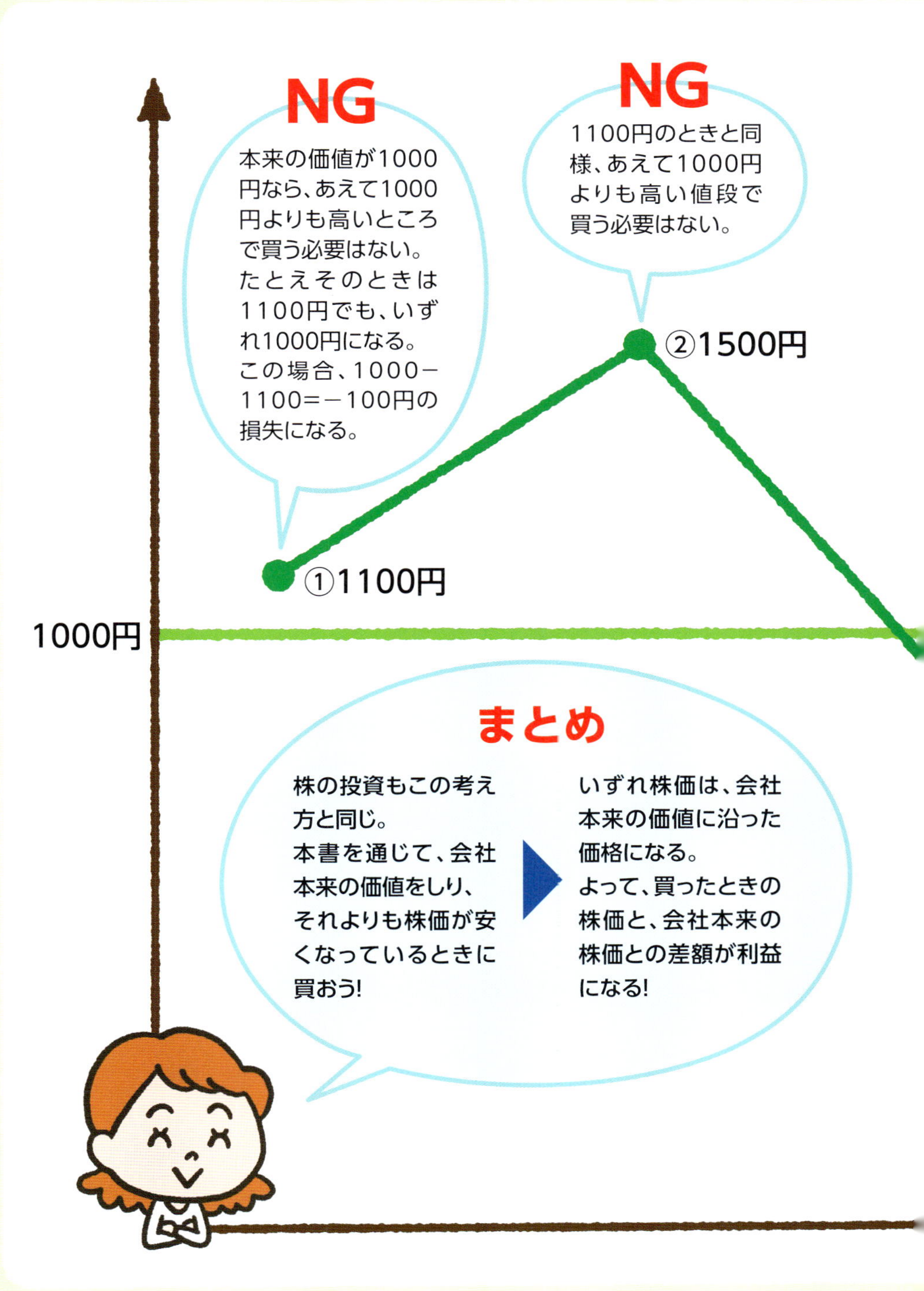
NG
本来の価値が1000円なら、あえて1000円よりも高いところで買う必要はない。たとえそのときは1100円でも、いずれ1000円になる。この場合、1000－1100＝－100円の損失になる。
NG
1100円のときと同様、あえて1000円よりも高い値段で買う必要はない。
②1500円
①1100円
1000円
まとめ
株の投資もこの考え方と同じ。本書を通じて、会社本来の価値をしり、それよりも株価が安くなっているときに買おう!
いずれ株価は、会社本来の価値に沿った価格になる。よって、買ったときの株価と、会社本来の株価との差額が利益になる!

はじめに

みなさん、こんにちは。ケイデン・チャンです。

まずはみなさんに私のことを知ってもらうためにも、私が破産寸前まで陥り、2度のガンを克服し、最終的に1億円相当の資産を手にするまでのことを話します。

私は1971年、シンガポールに生まれました。あまりにも貧しい家庭で、母は1ダースの卵・6缶のコンデンスミルク・3缶のミロと、生まれたばかりの私を交換しようとしたほどです（父の説得により、私は交換されずにすみました）。

父は魚の卸売業、母は主婦として私たち4人の子を懸命に育てました。両親はともに貧困ゆえに学校にも行けず、読み書きすらできません。ただ母は、子どもたちには未来があると信じ、それには教育が必要であると考えていました。私たちのなかで一人でも教養を身につけ、成功してほしいと考えていたのです。

兄弟のなかで私は唯一、シンガポールの大学に通うことになったのですが、学費を工面できず、結局、銀行で200万円相当の学費ローンを組みました。

よって、卒業後もけっして裕福ではありません。まずは卒業後、2つの仕事を掛け持ちし、四六時中働き続けた末に、なんとかローンを返済しました。

しかし、その後も貧乏なまま。残りの人生、このままではいけないと確信しはじめたころ、「私たちはこの先、賢く働く必要性がある」と同僚は私に教えてくれました。**それが「投資」でした。**

そして２０００年、偶然目にした新聞記事が私の人生を変えます……しかも悪い方向に。

多くの若者がテクノロジー関連の会社を設立して成功しているというＩＴバブルの記事でした。その記事に感銘を受けて会社を始めたかったのですが、なにせ私にはテクノロジーに関する知識がなく、会社をつくることはできません。

そこで、投資という形でなら会社を所有できると考えたわけです。

これが、私の投資生活の始まりです。結婚資金用に貯めていた自身の全預金４１０万円相当を、上場しているテクノロジー関連会社に投資しました。

ところが翌年、ＩＴバブルが弾け、すべてのお金を失いました。婚約者からお金を借りることで何とか結婚できたというありさまです。

実はこのとき、私の友人たちも多くのお金を失っていたのです。検証すると、それは次の理由からだとわかりました。

①投資に関する知識がなかった。
②どの銘柄をいつ購入・売却すべきなのか、まるで考えていなかった。
③株価を見ることに多くの時間を費やしていた。

その後、お金を貯めて母国シンガポールを離れ、ウォーレン・バフェット（世界第２位の大富豪）、ハワード・マークス（オークツリー・キャピタル）、ブルース・グリーンウォルド教授（コロンビア大学）、ジョージ・アサナサコス教授（ウェスタン・オンタリオ大学）を含む、多くの投資界でのメンターから投資について学びました。そして、次のことに気づいたのです。

①投資には、誰がやっても成功する方程式がある。
②どの銘柄を、いつ購入・売却するかの「基準」を学べばよい。
③投資は投機とは異なり、費やす時間を節約できる。

途中、２度のガンを経験しました。まず、２０１０年にステージ2の腎臓ガンとなり、左側の腎臓を取り除きました。次に２０１４年にはステージ4の腎臓ガンを患いました。

この、２つのガンが私に教えてくれたのは次のことです――**お金は重要だが、周りの不幸な人を助けることに使えられれば、さらに意味のあるものになる。**

現在、私はシンガポールマネージメント大学と共同で慈善型投資ファンド「Cayden Chang Inspire Award」を設立し、お金を必要とする苦学生を援助しています。

また、本書を含め、私のすべての著書における印税は、ガン研究とガン患者のための寄付に回しています。加えて、シンガポールで多くの慈善活動に携わるだけでなく、日本の慈善団体を支援することも考えています。

２００８年に「生涯学習者賞」と呼ばれるシンガポール人材育成賞を、２０１７年にシンガポールのマーケティングインスティテュートによる「パーソナルブランド賞」を受賞したのは大変幸運でした。

現在はシンガポールでValue Investing Academy（ＶＩＡ）という投資スクールを運営し、未経験者が投資で成功する方法を、**アジアを中心に世界11都市、延べ4万人以上に教えています**。２０１７年に念願の東京でもバリュー・インベスティング・プログラム（ＶＩＰ）を開催できたのは大きな喜びです。子どものころからずっと好きだった日本で講演できるなんて、これまで想像すらしていなかったのですから。

さらにこのたび、本書を出版でき、大変うれしく思います。

本書は20年におよぶ私の投資経験と、ウォーレン・バフェット、ジョン・テンプルトン卿、ピーター・リンチといった名だたる投資家から学んだ知識の集約です。本書を通じて、あなたが銀行利息の８００倍もの利益を得て、働く時間を軽減し、より多くのお金と時間を、あなたの愛する人とあなた自身のために費やせられれば幸いです。

そして、これは私からのお願いでもありますが、あなたの周りの恵まれない人々を助けてあげることを忘れないでください。

もし、本書を読んで私とFacebook上でつながってもいいと思う方は、www.facebook.com/caydenchangofficialで〝いいね〞をしてください。

私はあなたと直接会える日がくることを祈っております。

心より愛を込めて

Cayden Chang

もくじ

PART 1 始める前にしっておきたいこと

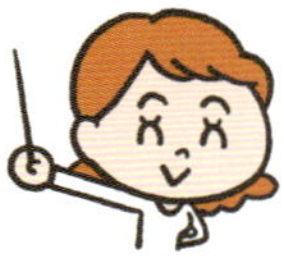

PART 2 良い会社の見つけ方

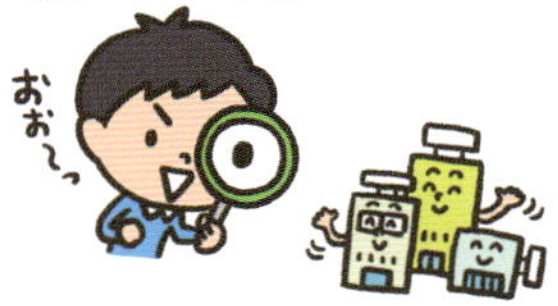

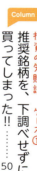

PART 3 会社の「質」をたしかめよう

PART 4 会社の「お金」をたしかめよう

PART 5 買う前・売る前に大切なこと

※投資はあくまでも自分の判断で行ってください。本書掲載の情報に従ったことによる損害は、いかなる場合も著者および発行元はその責任を負いません。

執筆協力…元山夏香
編集協力…関佳代・稲村徹也・丸山拓臣
本文デザイン・DTP…ISSHIKI（徳永裕美）
イラスト…寺崎愛

PART 1

始める前に しって おきたいこと

投資の心がまえ①

1 株なら安定収入を得られる

お金持ちは働かなくてもお金を稼げる

仕事をしていれば、お給料が入ります。ところが、みなさんのなかには将来を見越して「給料だけじゃやっていけない……」と思っている方も多いのではないでしょうか？

では将来、お金に困らないようにするにはどうすればいいのでしょう？　極論すると、いっそのことビジネスオーナーになってしまうというのがあります。

2017年現在、世界の長者番付ベスト3に名を連ねるのは、マイクロソフトのビル・ゲイツ、投資会社バークシャー・ハサウェイのウォーレン・バフェット、アマゾン創業者のジェフ・ベゾス。みな、優れたビジネスオーナーです。

なかでも注目すべきはウォーレン・バフェット。彼はもともと「株」の投資で富を築いた人物です。株は判断さえ間違わなければ、彼のように**大きな収入を得る手段になります**。

株でなら自然とお金もたまる

ビジネスオーナーになって資産を増やそうというのは、そうカンタンではありません。しかし投資なら、誰にでも成功のチャンスがあります。しかも**自然と収入を増やすことだってできるのです**。

バフェットの言葉

自分はいずれ金持ちになると信じていた。それを疑ったことはない

これからの時代
不労所得がカギになる

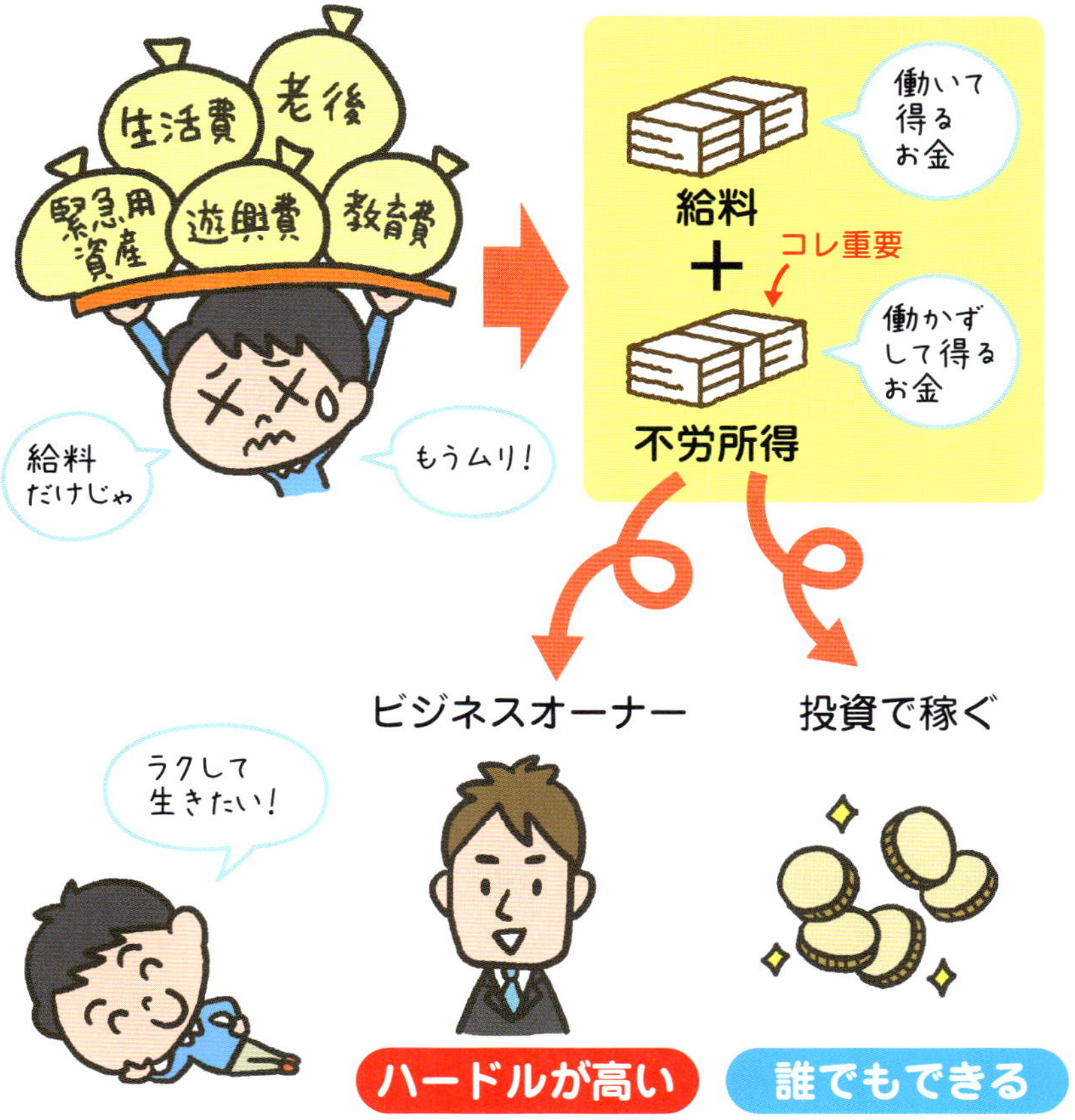

不労所得も大切な収入源ととらえよう

不労所得とは働かなくても得られる収入のこと。最も身近な例に銀行預金の金利があるが、普通預金の平均利率は0.001%とあってないようなもの。

これからの時代、公的年金や預貯金だけでは生活は豊かにならない。そう考えると株式投資は収入(不労所得)を得る手段としても現実的。もちろん、若いうちから取り組めればなおよい。

2

投資の心がまえ②

基本は「安く買って高く売る」

ルールを守れば失敗しない

「株で失敗して大損した」なんて話は、ちまたにあふれかえっています。おかげで「株は難しいし、やるべきではない」と、はなから決めつけている人も少なくありません。

しかし、本来株式投資は**きちんとルールを決めてトライすれば、損しないのです**。ルールの詳細はPART2以降で述べるとして、ここではそれ以前の、私の考える「投資するうえでの大前提」を紹介します。

それはズバリ、「安く買って高く売る」というものです。

当たり前ですが、つねに安く買い、買ったときよりも高くなったところで売れば、損しませんし、その方法はちゃんとあるのです。

良い会社の株を安いときに買う

株の値段（株価）は毎日上下しています。場合によっては、その会社には下がる要因がないのに、株式全体の値下がりにつられて下がるなんてことも多々あります。

ねらうのは、良い会社の株が何らかの理由で評価されず、安く売られているときです。そんな株はいずれ値上がりします。買っておけば利益を得られます。単純ですが、これがウォーレン・バフェットの実践する「バリュー投資」のベースにある考え方です。

バフェットの言葉

値上がりしてから買うことこそ、最もばかげている

平たくいうと

安いときに買って高いときに売る

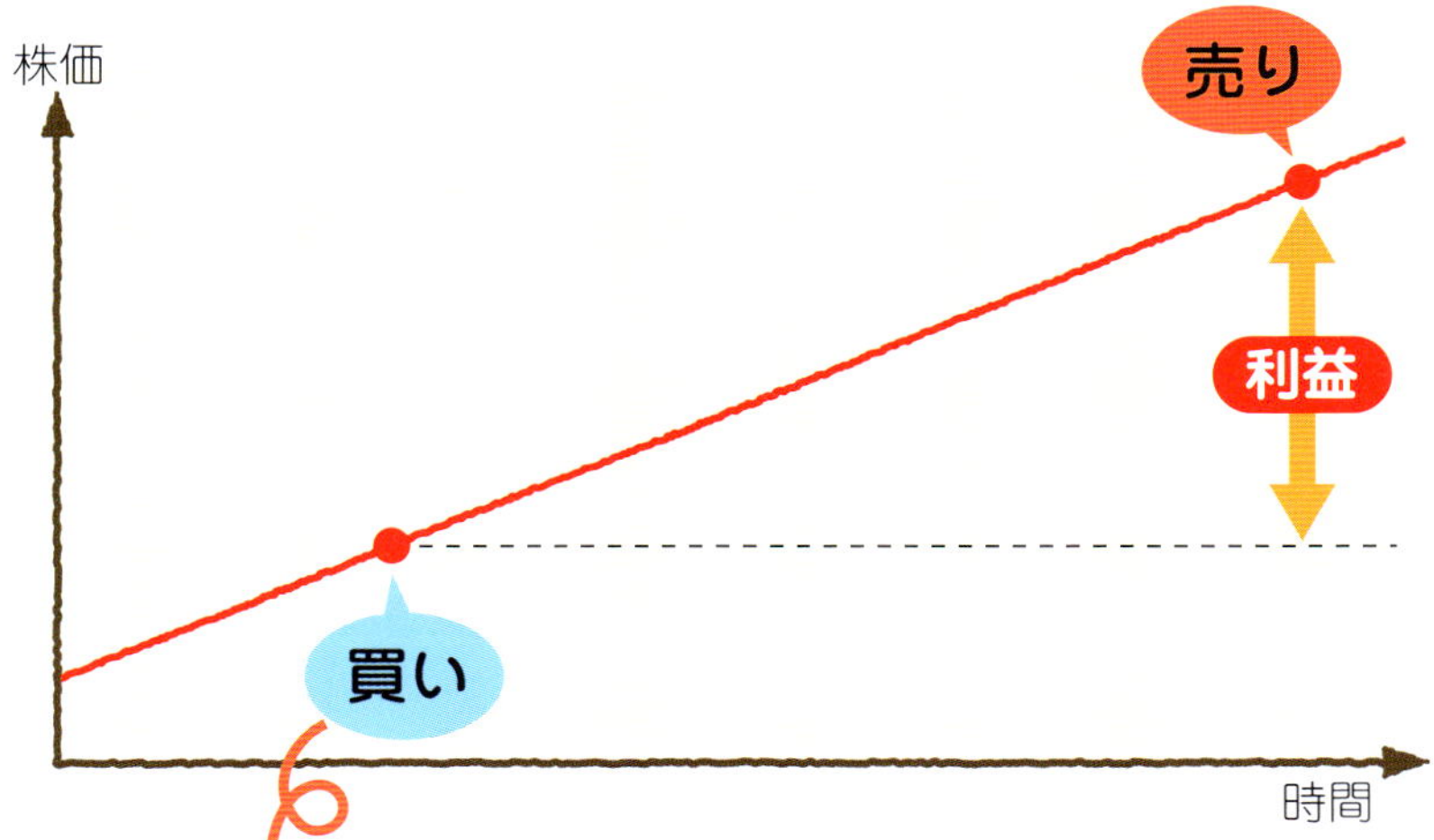

買っていい安いとき

○ 会社本来の価値を下回る株価である

買ってはいけない安いとき

× 業績が落ちている

× 成長していない

× 事業がうまくいっていない

もっとくわしく!!

バリュー投資で確実に利益を増やす

「バリュー」とは本来、「価値」という意味。**「バリュー投資」とは、買う価値があるのに価格が安い株（割安株）への投資のこと**。買う価値の判断材料は、たとえば「しっかり利益を出しているか」「成長しているか」など。つまり、Cheap Good Grow、またはCheap goodの株を見つける。

たとえば、ウォーレン・バフェットは「コカ・コーラ社」がまだ大きくなかったとき、業績の良さと将来性を見込んで、割安な値段でその株を大量に買い、時間をかけて大きな利益を手に入れた。

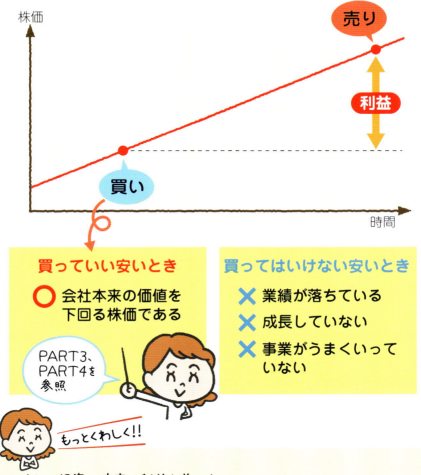

投資の心がまえ③

「けっして損しない」よう心がける

良い会社なら損しない

私が投資をするうえでの信条は、けっしてお金を損しないこと。大切なお金を失うわけにはいきません。

もちろん、つねに100％損しないというのはムリですが、損失のリスクをかぎりなくゼロに近づけることならできます。

損しないためにできることの一つは、買う株をしっかり選ぶこと。とくに**本書で紹介する条件をクリアした〝良い株〟以外は、手を出さないよう心がけてください**。

そして、みなさんに必ず実践していただきたいのは、**自力で銘柄を選ぶこと**です。

「有名な人が推薦していた」「株の雑誌でイチオシだった」などの理由で、安易に選んで買う人も多いのですが、これは禁物です。

失うのは速いが取り戻すには時間がかかる

株を買うには数万円～数十万円かかります。最悪の場合、それらは一瞬で半減することもあります。さらに半減は一瞬でも、それを取り戻すのには相当の時間がかかります。なぜなら、半減したぶんを2倍にしないと取り戻せないからです。

さらにいうと、たとえ株価が半分になっても、それをすすめた人が補償してくれるわけではありません。

バフェットの言葉

ルール１、損をしない
ルール２、ルール１をけっして忘れない

重要なのは

損しない選び方・買い方を身につけること

○ 損せず100万円を150万円にする

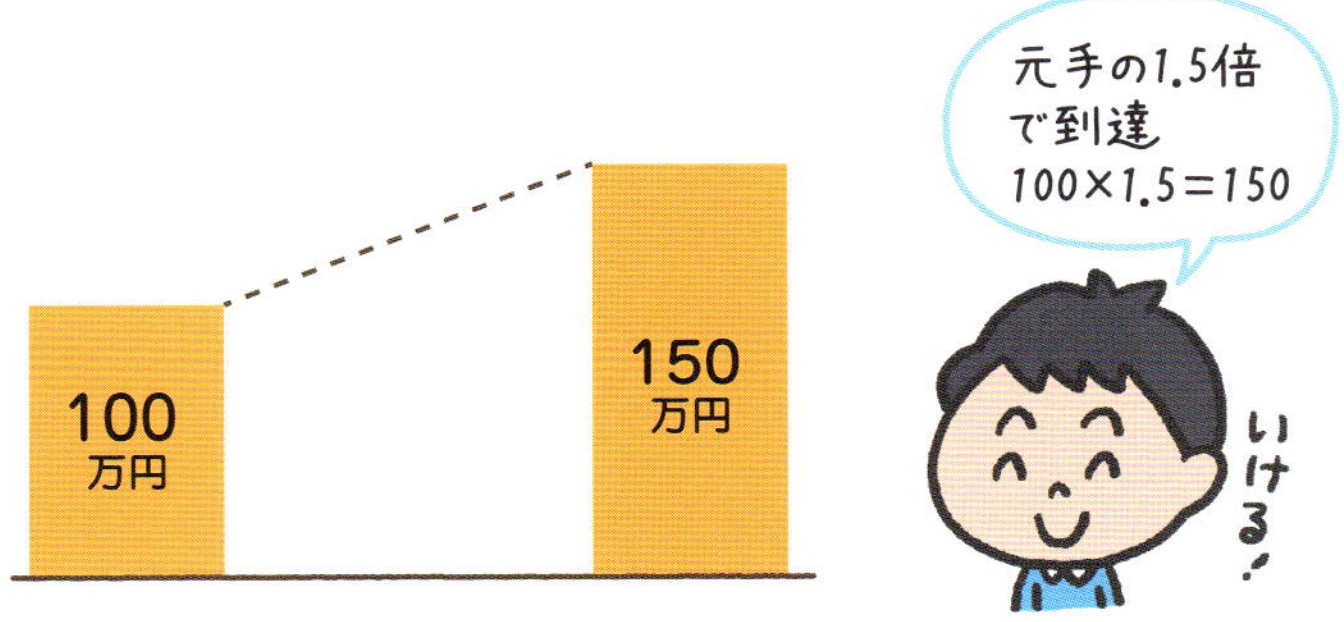

× 半減してでも100万円を150万円にする

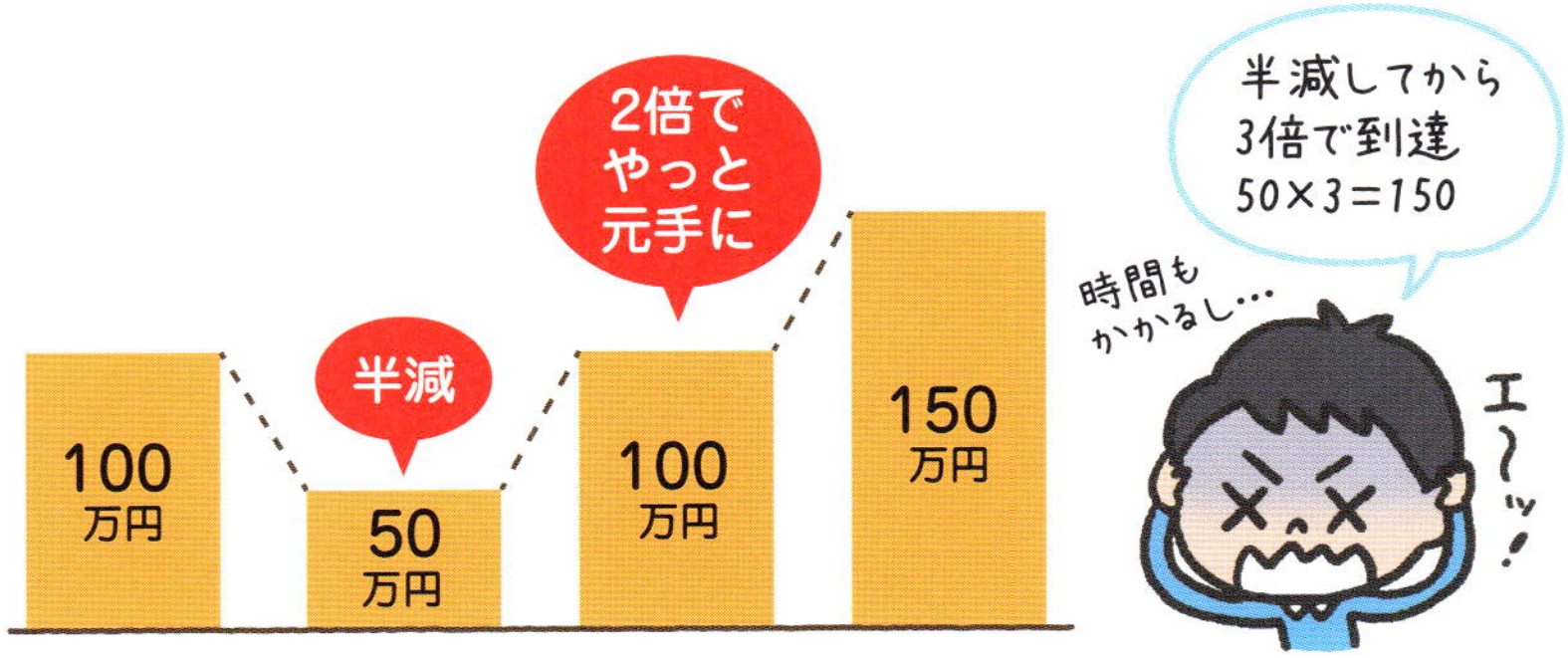

損失リスクを抑えてこそ成り立つ

金融商品には「元本割れしないもの」と値動きしだいで「元本割れするもの」がある。前者は預貯金、後者は株など。

元本を割り込んで損失を出すリスクがあるものには、リスクを負うぶん、高いリターンが得られる可能性がある。**しかし株で資産を増やすにはむしろ、この損失リスクを最低限に抑えることが重要になってくる。**

4

投資の心がまえ④

余裕資金を投資に回そう

余裕資金を確保して始めよう

株の投資には、これまで紹介してきた心がまえで臨み、知識を得て取り組むことが必要です。ただ、それだけでは始められません。そう、投資にはお金がいりますよね。

以前「みっちり勉強したので、すぐにでも株を買ってみたい」という人がいました。たしかに知識は十分でしたが、彼女にはほとんど貯蓄がなかったのです。

「株で利益を出してから貯蓄すればいい」との言い分でしたが、これは危険です。株の世界ではいつ何が起こるかわかりません。

たとえ全部失っても生活に困らない「余裕資金」で始めるべき。株は、貯蓄があってこそできるのです。さらに余裕資金は、趣味や嗜好品《しこうひん》にあててしまう前に、まずはその一部を「投資資金」として確保しましょう。

5万円程度から始められる！

とりあえず家計を見直して、何があっても困らない程度の貯蓄をつくりましょう。それができたら、投資の元手を用意します。5万円用意できれば、何とか始められます。

もっと大金が必要だと思うかもしれません。もちろん、多いに越したことはありませんが、まずは5万～10万円程度で始めてみるのもいいでしょう。

バフェットの言葉

自ら始めないかぎり、成功はない

このままじゃ増やせない

余裕資金の使いかたを見直す

✕ダメな習慣

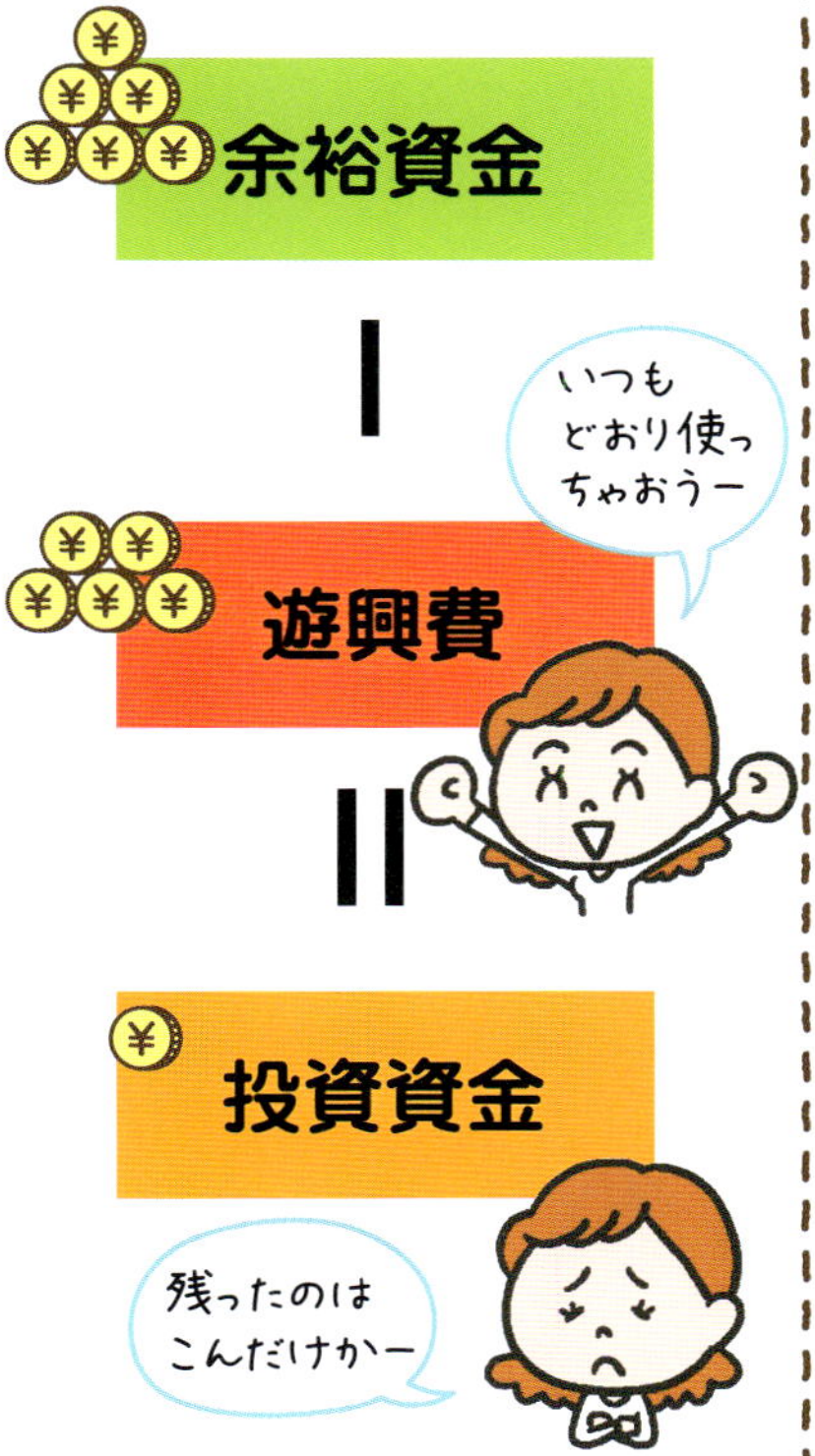

POINT

遊興費を除いたぶんを投資に回そう、なんて考えでは、ほとんど残らないのが関の山

○良い習慣

POINT

余裕資金から、先に一定額の投資資金を確保する習慣づくりを！

5

買い方の基本①

まずは口座をつくってみよう

株を買えるのはおもに証券会社

ここからは、株を買うときに必要なことを話します。なお、私はふだんアメリカ株を中心に売買しています。しかし日本のみなさんは日本株から始めましょう。その理由は単純です。日本企業のほうが商品やサービスに対して理解しやすいからです。

ところで、私たちが売買できるのは、証券取引所というところに上場している株です。たとえ株式会社であっても、上場していない会社の株は買えません。

その株を売買するときに、証券取引所と投資家を仲介するのが、おもに証券会社です。

なので、**証券会社に口座を設ければ、株は売買しやすくなります**。銀行でも買えますが、証券会社のほうがなにかと便利です。

手数料やサービスに証券会社の特徴がある

証券会社はたくさんありますが、基本はどこでも同じ株を同じ値段で買えます。

ただし、売買するときの手数料やサービスなどは会社によって変わります。いくつかの証券会社を見比べてめぼしいところを決めてください。

口座を開くだけなら無料で、しかもカンタンなので、複数の会社に口座を設けてみるのもいいかもしれません。

バフェットの言葉

株式市場は、長期的には企業の真の価値を測る

おもに証券会社で株を売買できる

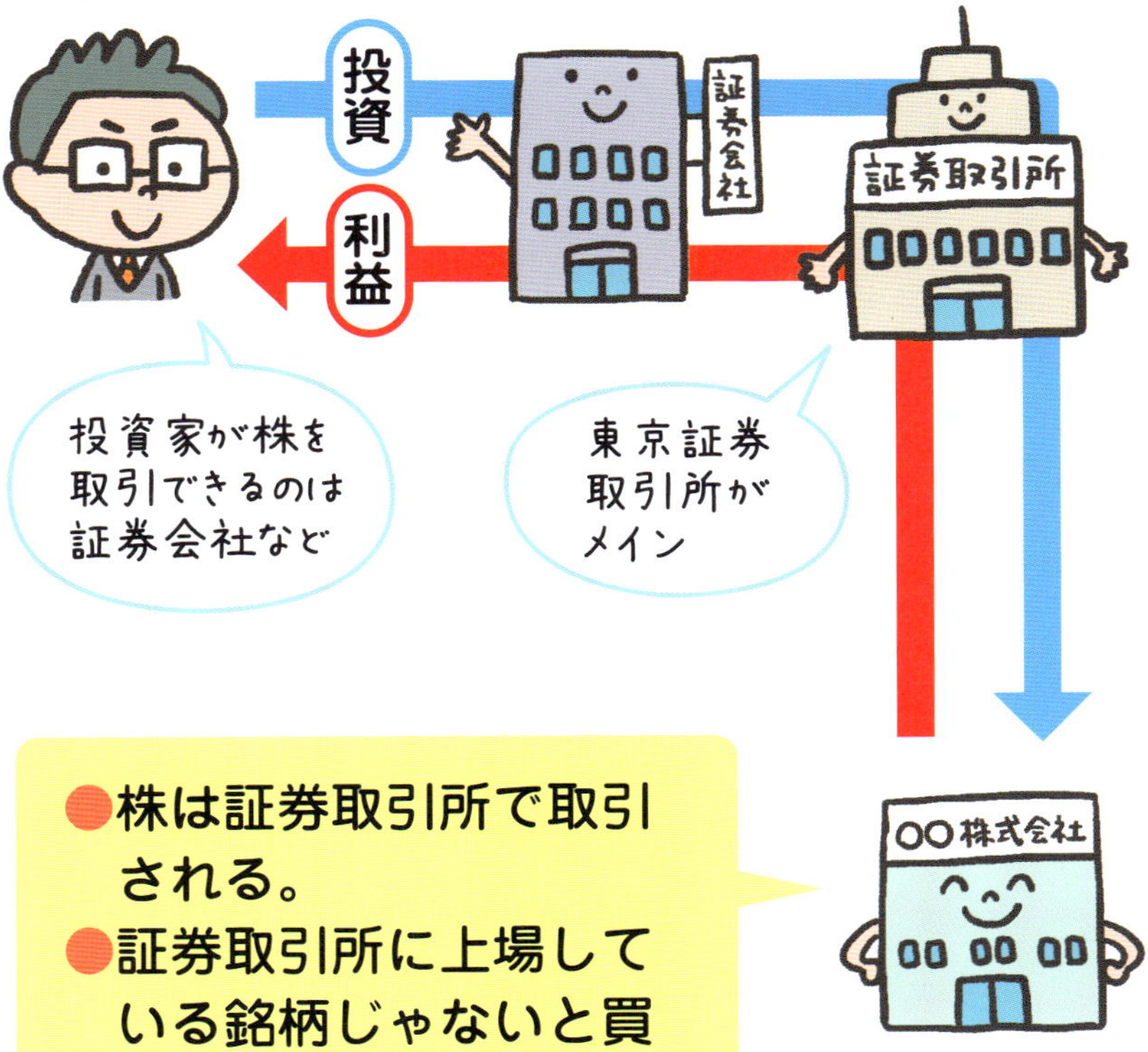

- 株は証券取引所で取引される。
- 証券取引所に上場している銘柄じゃないと買えません……。

大企業は東証1部に上場していることが多い

日本には東京・名古屋・福岡・札幌に取引所がある。ただ、**多くの日本株は東京証券取引所（以下、東証）に上場している。**

東証のなかにも１部・２部・マザーズ・ジャスダックと扱っている株によっていくつかの市場がある。大企業は上場審査基準の厳しい「１部」に上場していることが多い。

6

買い方の基本②

NISA口座なら税金もかからない

確定申告の手間を省く「特定口座（源泉徴収あり）」

どの証券会社でも、口座を設ける際に「口座の種類」を選びます。選択肢は「特定口座（源泉徴収あり）」「特定口座（源泉徴収なし）」「一般口座」です。

株の利益、あるいは銀行預金の金利もそうですが、金融商品を運用して利益を出すと、その2割程度が税金として引かれます。株の場合、利益の金額しだいでは、確定申告も必要になってきます。

そこで、**面倒な申告の手続きを省きたいなら「特定口座（源泉徴収あり）」を選ぶといいでしょう**。この口座で取引すれば自動的に税金が引かれるので、手間がかかりません。個人投資家の多くはこれを選んでいます。

NISA口座を使うと利益に税金がかからない

また、口座開設時にはNISA（ニーサ・少額投資非課税制度）口座を開設するかどうかも選びます。

NISA口座を使えば、株の利益にかかる約2割の税金が非課税になります。

1年間で投資元本120万円まで、5年間の期限付きですが、株を始めるなら、まずはNISA口座でもいいでしょう。

なお、NISA口座は1人1つしかもてないので、どの会社にするかはよく検討を。

バフェットの言葉

我々は株式市場を通じて企業に投資している

カンタンにできる

ネット証券での口座開設の手順

❶ 口座を開設する証券会社を選ぶ

※証券口座を開設しないと取引できない

❷ 選んだ会社のホームページから口座開設を申し込む

※必要事項等をホームページの案内にしたがって入力する

ここで、NISA口座や特定口座を選ぶ

❸ 選んだ会社から関係書類が送られてくる

❹ 書類に必要事項を記入して返送する

※本人確認書類およびマイナンバーが必要

❺ 口座開設完了の通知がくる

※スターターキットなども送られてくる

カンタンだし、手間もかからない

❻ インターネットで設定してスタート

もっとくわしく!!

そもそも税金のかからない人もいる

特定口座のなかでも「源泉徴収あり」は自動的に納税されるので、確定申告の手間が省ける。「源泉徴収なし」は自己申告をするが、手続きが簡便になる。なお、**1か所からの給料で、年収2000万円以下、株などの利益が年間20万円以下の人なら、株の利益はそもそも非課税**。源泉徴収ありだとそれに関係なく納税される。こんな人なら源泉徴収なしのほうが得かも。

一般口座の場合、自分で年間取引報告書からつくるので、非常に面倒だ。

7

買い方の基本③

売買の注文はいつでもできる

取引するのは平日の9時から15時まで

証券取引所は、24時間365日ずっと開いているわけではありません。基本的に土日・祝日はお休み。

東京証券取引所の場合、開くのは9時からです。11時半にいったん休みに入り、12時半から再開します。そして15時で終了。中休みまでの時間帯を「前場《ぜんば》」、中休み後の時間帯を「後場《ごば》」と呼びます。

相場が開いている間は、ひっきりなしに売買されるので、株価は一分一秒単位で動きます。ただ、**本書で紹介する投資法なら、そんな株価の動きをいちいち気にする必要などありません**。

開いているときに買い注文を出して、需要と供給が合えば取引が成立。その場で株の保有者になれます。

取引所が閉まっていても売買の発注はできる

「取引所が開いている時間帯は仕事もあるので、売ったり買ったりするのが難しい」という人もいるでしょう。ですが、必ずしも相場に張りついていないと売買できないというわけではありません。

取引所が閉まっている時間帯でも注文を出すのは可能です。出した注文は次に取引所が開いてから受理されます。

バフェットの言葉

私の成功は、飛び越えられる30センチのハードルを探すことにあった

注文はいつでもできるけど

取引しているのは9時から15時まで

●ある1日の株価の流れ

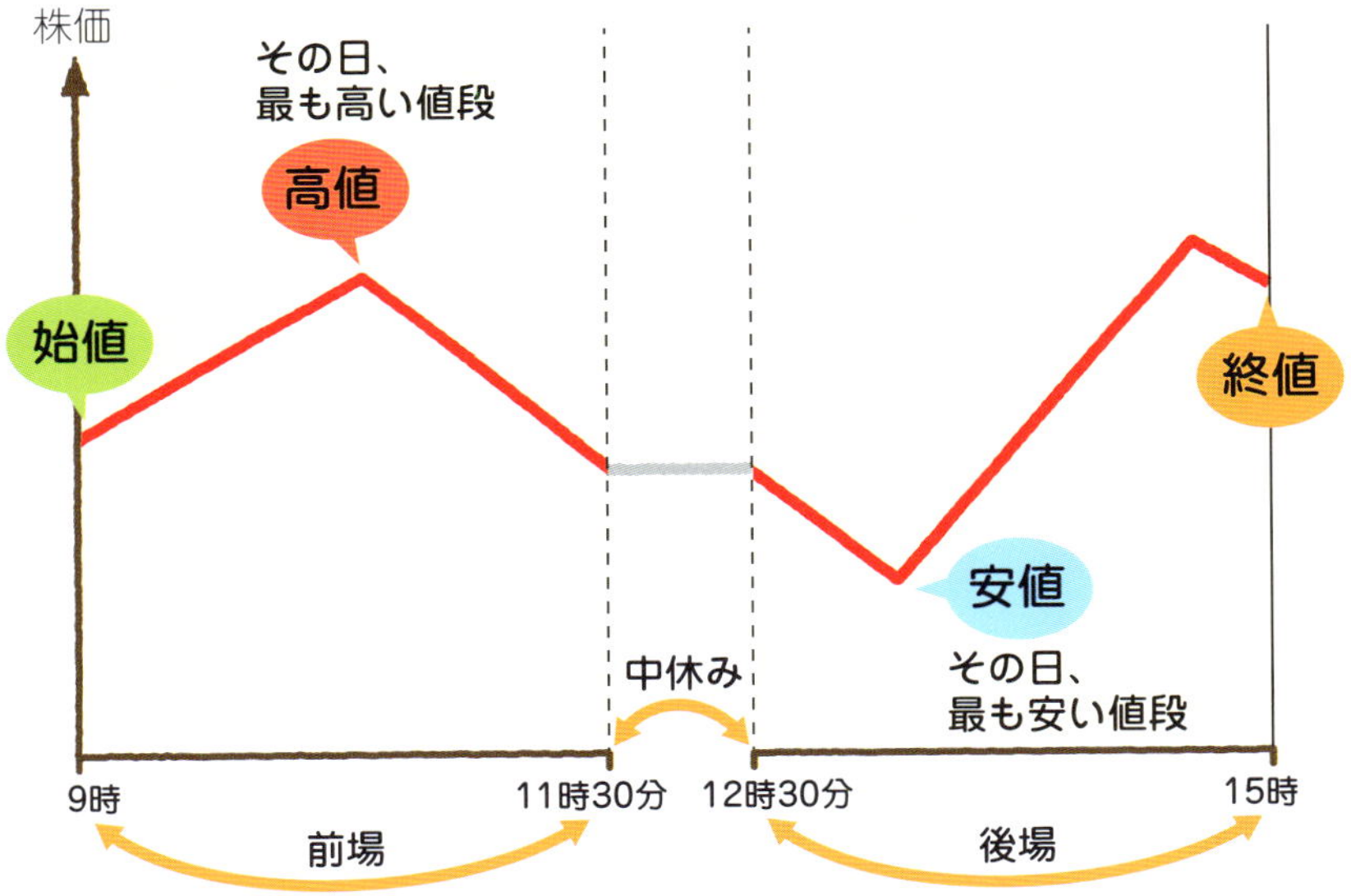

ニュースでよく聞く始《はじめ》値《ね》、終《おわり》値《ね》とは?

9時に相場が始まって、その日の最初につけた株価を「始値」と呼ぶ。**前の日に何か大きな出来事があったときなどは、この始まったばかりの時間帯に株価が大きく動くことも多い。**

一方で、その日の最後の株価を「終値」と呼ぶ。証券取引所が閉まっているときに注文を出す場合は、終値を参考にする。

8

買い方の基本④

1株ずつ買うことはできない

たいてい100株から売り買いできる

日本市場の株は、だいたい100株から買えるようになっています（2018年10月1日からは、すべての株が100株から買えるようになる予定です）。

仮に「トヨタ自動車」の株価が6300円だとしましょう。これは「1株あたり6300円」という意味です。6300円出せば株主になれるわけではありません。6300円×100株で、買うには最低でも63万円のお金がいるのです（このほかに売買手数料もかかります）。

ちなみに、私が売買しているアメリカの市場は、原則1株単位で取引されています。つまり、1株ずつ買えるということで、とてもシンプルです。

追加注文も100株単位

100株よりも多く買いたいというとき、追加ぶんは100株単位で買うことができます。101株買うなんてことはできません。要は200株、300株という単位で注文していくのです。

よって、もし株価が6300円のときにトヨタ自動車を200株買うとなると、それだけで120万円以上のお金が必要となるのです。

バフェットの言葉

華々しい結果を出すために、華々しいことをする必要はない

だいたい 100株ごとに売買されている

株価1000円のとき

株価1200円になる

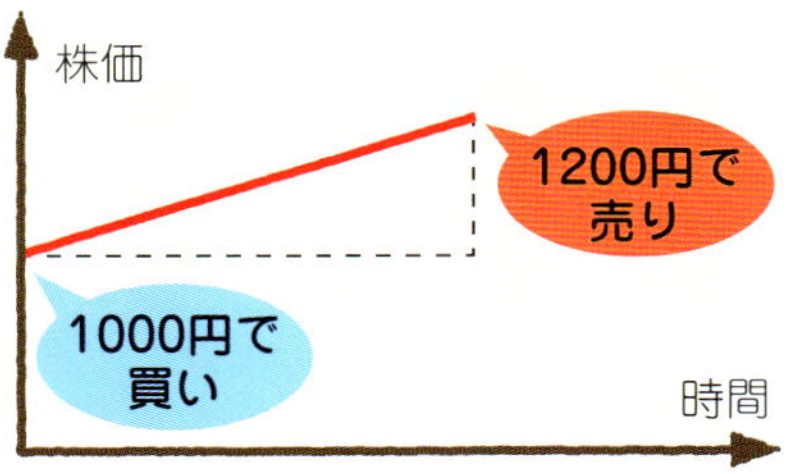

1000円×100株＝10万円で買い
1200円×100株＝12万円で売り

株価800円になる

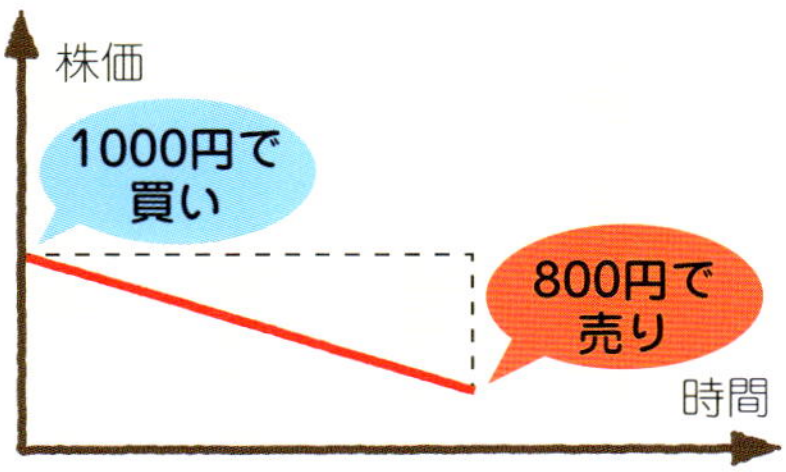

1000円×100株＝10万円で買い
800円×100株＝ 8万円で売り

1株 500 円、1000 円の会社も多い

株を取引する単位を「単元株」と呼ぶ。単元株数が 100 株の場合、1 単元＝ 100 株となる。たとえば5単元といえば、500 株をさす。

先のトヨタ自動車の例では、1 株 6300 円なので、1 単元（100 株）で 63 万円もかかるが、**なかには 1 株 500 円、1000 円の銘柄もたくさんあるので、数万円でも十分買える。**

9

買い方の基本⑤

注文方法を押さえておこう

自分の決めた値段で売買できる「指値注文」

株の注文をするには、いくつかの方法があります。ここでは基本の「指値《さしね》注文」と「成《なり》行《ゆき》注文」を紹介しましょう。

まず**指値注文とは、決めた株を「いくらで買う」と指定して買う方法です。**

たとえば今1000円の株を少し安くなったところで買いたいとき、「980円」で指値注文します。注文しておけば、株価が980円以下になったところで買えます。

ただし、980円まで下がらなかったり、上がったりしてしまうと買えません。なお、売るときは今より高い値段を指定します。

市場の値段で売買できる「成行注文」

成行注文は、価格を指定しないで買える（売れる）値段で買う（売る）方法です。

たとえば好景気の影響で、ほしいと思っていた会社の株価が上がりそうな場合。その株を買いたいという人がどんどん増えて、株価は上がっていき、指値にしてしまうと買うに買えない事態となってしまいます。

そんなとき、成行注文が役立ちます。成行は指値に優先して売買されるので、スピーディーに成立しやすくなります。

ただ、思いのほか高値で買うはめになることもあります。

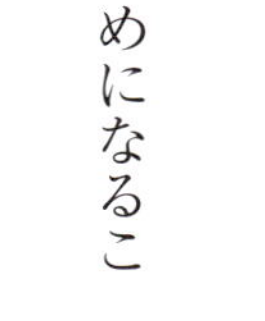

バフェットの言葉

他人が貪欲なときこそ用心する。他人が用心しているときこそ貪欲になる

おもな注文方法

成行注文と指値注文がある

成行注文

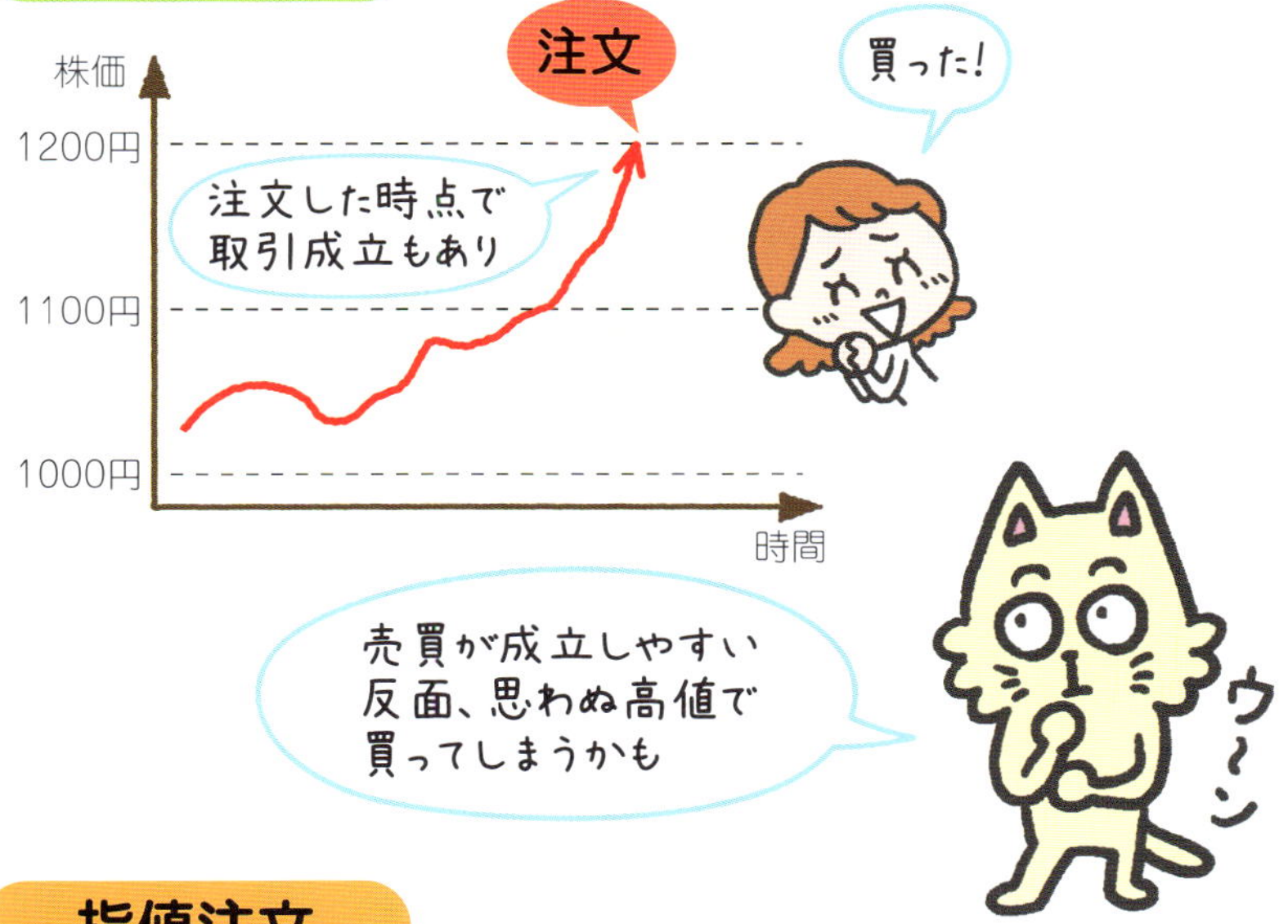
株価
1200円
1100円
1000円
時間
注文
注文した時点で取引成立もあり
買った！
売買が成立しやすい反面、思わぬ高値で買ってしまうかも
ウ〜ン

指値注文

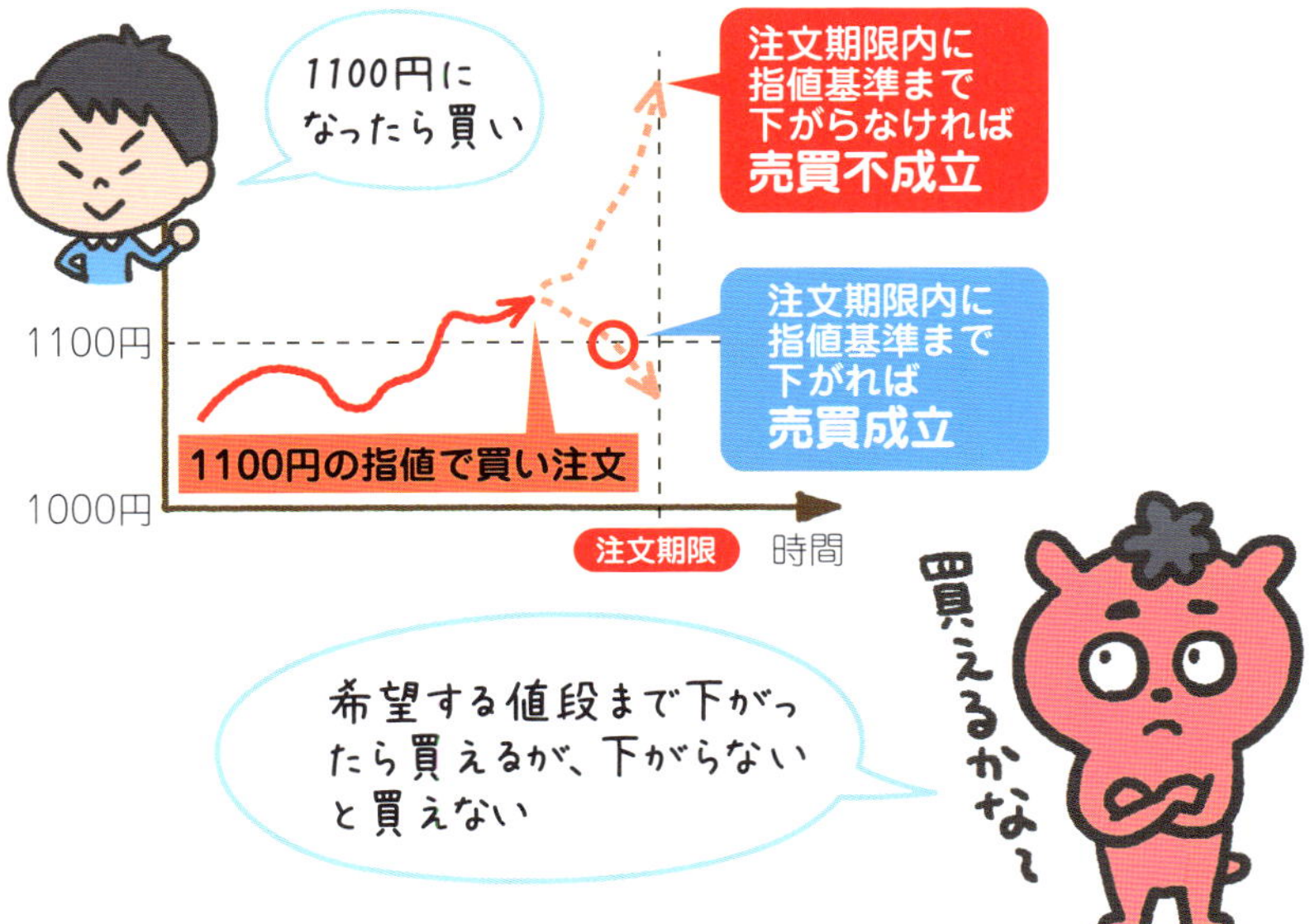
1100円になったら買い
1100円
1000円
時間
1100円の指値で買い注文
注文期限
注文期限内に指値基準まで下がらなければ売買不成立
注文期限内に指値基準まで下がれば売買成立
希望する値段まで下がったら買えるが、下がらないと買えない
買えるかな〜

10

買い方の基本⑥

売買には手数料がかかる

売買手数料はネット証券が安い

株の売買にはいくつかのコストがかかります。

1つは株の利益にかかる税金。利益の約2割が引かれますが、これはNISA口座を利用すれば非課税にできます（40ページ参照）。

ほかにかかるのが、証券会社に支払う売買手数料。口座を開くとき、手数料はほとんどかかりません。ただ、売買するのに手数料がかからないというのはありません。

売買手数料の金額は証券会社によって異なりますが、**安いのはインターネット専業の証券会社。いわゆるネット証券です**。店舗があるところに比べて、店舗維持費や人件費を節約できるぶん、手数料が安いのです。

よって、これから証券口座を開くなら、手数料の安いネット証券を選ぶのがいいでしょう。

手数料定額プランは短期売買向け

なお多くの証券会社には、株を売買するたびに手数料がかかるプランと、一定期間であればいくら売買しようと手数料が定額のプランがあります。

本書で紹介する投資法は、短期間に何度も売買しないので、**売買のたびに手数料がかかるプランでOKです**。

バフェットの言葉

命取りになるのは、高額の手数料と市場の裏をかこうとすること

株の売買には
手数料がかかることも忘れずに

本書では短期間に何度も取引しないので…
1回の売買ごとに手数料のかかるプランでOK

●おもな証券会社の売買手数料 （2018年3月現在）

	現物取引			
	10万円まで	20万円まで	50万円まで	100万円まで
SBI証券	150円	199円	293円	525円
楽天証券	150円	199円	293円	525円
マネックス証券	108円	194円	486円	1080円
カブドットコム証券	97円	194円	270円	1069円
GMOクリック証券	95円	105円	260円	470円
内藤証券	180円	411円	411円	740円
岡三オンライン証券	106円	216円	378円	648円
ライブスター証券	86円	104円	194円	367円
野村ネット＆コール	150円	324円	515円	1029円

手数料は買うときも
売るときもかかるよ……

Column

投資の失敗談　ケース①

推奨銘柄を、下調べせずに買ってしまった!!

私が主催するセミナーには、過去に投資で大失敗したという人も、たくさんやってきます。各章末のコラムでは、そんな彼らのよくある失敗談を取り上げているので、ぜひ参考にしてみてください。

◆

まずは、Aさんのケースから。Aさんは数年前から株式投資をしていますが、大損はしないものの、なかなか勝てない状況が続いていました。

投資対象は、雑誌やネット記事でアナリストなどが推奨した株のうち、「なんとなく良さそう」と感じたもの。その株について、自ら調べることはほとんどありませんでした。

アナリストなどの専門家は、たしかに株の世界に精通しています。とはいえ、中立な立場で入念に調査し、本当に有望な株を推奨してくれる人となるとほとんどいません。

そんな力があれば、その人自身、とっくにお金持ちになっているはずです。しかし、すべての専門家がお金持ちというわけではないですよね。

他人の意見を「うのみ」にしていると必ず失敗します。たとえAさんが大損しようとも、推奨した専門家が責任を取るわけではありません。そのため、無責任な発言をしている人も、残念ながらよく見かけます。

雑誌やネットで情報収集するのはいいですが、本書を参考に自分で調べて納得したうえで、最終的な判断をすることが重要です。

PART 2

良い会社の見つけ方

11

買うべき会社とは

株価の安い優良企業を探す

真の実力より安い株はいずれ正当に評価される

PART2では「良い会社をどうやって探すか」について話します。そのベースとなっているのは、私の尊敬するウォーレン・バフェットや、その師にあたる投資家ベンジャミン・グレアムの「バリュー投資」の考え方です。

復習しておくと、バリュー投資とは、**買う価値（バリュー）と成長性のある株を、まだ株価が割安なときに買うこと**です。割安で買えば、その株が実力に見合う価格まで上がったときに売って利益を上げられます。

なので、業績が良く、今後も成長しそうな株でないといけません。要はレベルの高い商品やサービスがあり、揺るぎない評価を受け続ける会社を見つけていくことです。

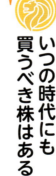

いつの時代にも買うべき株はある

「そんな会社、あればみんな買っているだろうし、すでに割安じゃないのでは……」と思うかもしれません。たしかにそういうこともあります。

とはいえ、**すでに大きくなった会社でも、技術革新を進めて、今後ますます飛躍しそうなところはたくさんあります**。

ビジネスの世界は絶えず変化しています。「いまさら」ということはあり得ないのです。

バフェットの言葉

値動きは、はからずも安値をつけられた株価が、確実な事業によって上がることを意味する

利益が出る

買うべき会社のおもな条件

条件1
業績が良い
利益が出ている
儲かってます!

条件2
成長している
将来性がある
まだまだ伸びます!

条件3
株価が割安
ホントはココ
実際の株価
そのうち上がります

見つけ方も
ちゃんとある

ウォーレン・バフェット

もっとくわしく!!

バフェットとグレアム

バリュー投資というとウォーレン・バフェットが有名だが、その師とされているのが「バリュー投資の父」として名高い**ベンジャミン・グレアム**。

バフェットは、アメリカのコロンビア大学で教鞭をとっていたグレアムの講義を受けている。卒業後、バフェットはグレアムの会社に入ることを熱望するが、当時グレアムはユダヤ人しか採用せず（ほかの金融機関は、ユダヤ人を差別しており、彼らの就職先が少なかったため）、断られた。

12

会社の見つけ方①

身の回りから探す

身の回り品の製造元を調べてみよう

株式市場には何千もの銘柄があります。そこから有望な株を見つけるにはある程度、的を絞っていかなければなりません。

その、的を絞る方法の〝王道〟といえるのが、**自分の身の回りから投資対象になり得るものを見つけることです**。

生活するなかで、私たちはさまざまなモノやサービスを利用します。誰しも、お気に入りの食べものや日用品、よく行くレストランやコンビニなどがあると思います。

そういった**身近なモノやサービスの提供元・製造元を投資対象として検討するのです**。

たとえばバフェットはコカ・コーラ社に長年投資していましたが、その発端はバフェットがコーラ好きだったことにあります。

業務内容が理解できない会社は選ばない

身の回りから探すと「業務内容を理解できる会社」を見つけやすくなります。

つまり、**自分が理解できない会社に投資してはいけないのです**。

業務内容のわからない会社にお金をつぎ込むなんて愚の骨頂。たんに株を買うのではなく、その会社のビジネスに投資する心もちで挑んでください。となると、少なくとも自分が理解できる会社を選ぶことになります。

バフェットの言葉

市場は見逃し三振のないゲーム。好きなボールがくるまで打たなければいい

良い会社を見つけるには

自分に関係する範囲から探す

ふだんよく使っている
もののメーカー
よく行くところ
興味がある
分野の会社
マヨ
ふだんよく食べている
もののメーカー
自分の仕事に
関係ある分野
わかるとこから
選んじゃおう!
学生時代
習っていた
分野の会社

自分のストライクゾーンから
選べばいい!!

13 会社の見つけ方②
ニュースからヒントを見つける

ニュースには たくさんのヒントがある

身の回りで探すのに限界がある場合、活用したいのが「ニュース」です。ここでは一般的な経済ニュースで十分です。

ただし、ニュースを見る場合、つねに投資のチャンスをつかもうと意識してください。

たとえば以前、アメリカの玩具ストア「トイザらス」が破産したというニュースが流れました。このときに「トイザらスが売れないということは、今やおもちゃもネットビジネスが主流になっているのでは」というように、**発想を展開させていくと、有望な会社が見えてきます**。

株価暴落で 有望株が割安になることも

ニュースに対してつねに敏感になっておくことも大切です。

たとえば、世界のどこかで大規模な政変や金融危機が起こると、世界中の市場で株価が暴落するという事態も起こります。

ただ、そこでやみくもに慌てる必要はありません。むしろ、**一時的な株価の暴落は「前々から安くなったら買いたい」と思っていた株を買う好機にもなり得るのです**。

株式市場は世界経済の影響をさまざまな形で受けるので、ニュースと無縁でいることはできないのです。

バフェットの言葉

他人の目より、自分の目を信じる

見つからなければ

ニュースからヒントを探してみよう

✔○○商品が大ヒット
××ブームのきざし

ドローン
スマホ
関連会社の株がいいかも!

✔○○の最大手が倒産
✔××の主力商品が売り上げ不振

倒産
それに代わるモノや会社が出てきているかも

✔○○の影響で軒並み株価が下落

チャンス
めぼしい会社の株が安いかも

ネット、テレビ、新聞、雑誌などをチェックしておく

一般的な経済ニュースで十分!

14 会社の見つけ方③ スクリーニングで探す

条件に見合う銘柄を選び出せる

身の回りやニュース以外にも、株を探す方法があります。それは「スクリーニング」をすることです。株のスクリーニングとは、**利益率などいくつかの条件を設けて、それに見合ったものを抽出することです**。

このスクリーニングツール（スクリーナー）はネット上で利用できるので便利です。多くのネット証券では、口座を開くとたいてい、スクリーナーを使えるようになっています。ちなみに私は「Investing.com」「finviz.com」という金融ポータルサイトのスクリーナーを使っています。

PART4にある条件を設定するだけ

ただ、スクリーニングには欠点があります。とくに初心者の場合、何を設定条件にすればいいかわからないという点です。

とはいえ、ご安心ください。おもな条件の目安はＰＡＲＴ４で紹介しているので、それらを参考にすればＯＫです。

さて、本章では会社の見つけ方を紹介しました。投資のステップには「Ｓ・Ｅ・Ｇ・Ａ」の４段階があり、ここまでが「Ｓ（search：探す）」です。次の章では「Ｅ（evaluate：評価する）」について話します。

バフェットの言葉

最も重要なところだけを選んで、それ以外は「ノー」と断る

まだ見つからなければ

スクリーニングを使ってみよう

ROA
経営の効率を見る。目安は7％以上
（102～103ページ参照）

PBR
株の割安度を見る。目安は0.7以下
（106～107ページ参照）

ROE
経営の効率を見る。目安は15％以上
（100～101ページ参照）

ファクター	最小値	最大値	並べ替え	並び替え重み	表示
ROA（％）	7				
PBR（倍）		0.7			
配当利回り（％）	1				
ROE（％）	15				
時価総額（10億円）					
今期経常利益変化率（％）					
過去5年平均売上高変化率（％）					
業績予想修正率（％）					
株価5日移動平均からの乖離率（％）					
株価25日移動平均からの乖離率（％）					
株価75日移動平均からの乖離率（％）					
年初来安値からの上昇率（％）					
年初来高値からの下落率（％）					
1日平均売買代金（100万円）					
過去14日RSI					
過去60日ボラティリティー（％）					
ヒストリカル・ベータ					
信用残／売買高レシオ					

検索実行 ← クリック

配当利回り
どのくらい配当金を出しているかを見る
（116～117ページ参照）

➡ 必要なところだけ入力して検索実行をクリック

該当する会社が出てくるよ！

もっとくわしく!!

バリュー投資には4つのステップがある

バリュー投資には、大きく4つのステップがある。このステップを「S・E・G・A」と呼んでいる。

まず「S」は「Search（探す）」の略で、株を買うべき会社を探すこと。続いて「E」は「Evaluate（評価する）」で、探した会社をさまざまな側面から評価すること。次の「G」は「Gauge（測定・判断する）」で、投資の可否を決定し、売買タイミングを決める。最後の「A」は「Asset Portfolio（アセット・ポートフォリオ）」。おもに資産配分を考えることである。

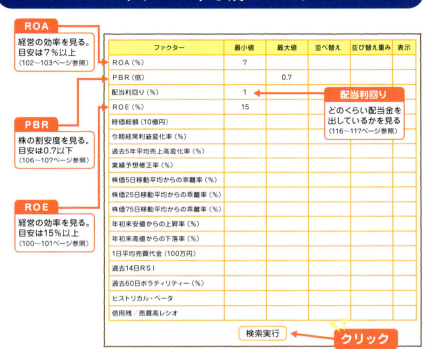

投資の失敗談　ケース②

企業の勢いを見誤って株価が想定外の方向に……

これはシンガポールの投資家・Bさんの失敗談です。

シンガポールにはさまざまなお店が出店していますが、入れ替わりも激しいのです。ある時期、スポーツ用品のブランドメーカー「アンダーアーマー」が立て続けに店舗をオープンしたことがありました。

店舗は立地条件の良い場所ばかりだったので、Bさんは「アンダーアーマーには勢いがあるな」と感じたそうです。世界的にも有名なブランドなので、同社に投資しました。

しかし、その後アンダーアーマーは大幅減収を発表して話題に。株価も下がり、Bさんは大損するという結果になってしまいました。

けっしてアンダーアーマーが悪い会社だというわけではありませんが、投資する会社には、競合他社を出し抜くほどの競争力が必要です。これがないと、景気が良く、市場全体が値上がりしているようなときはいいのですが、値下がり局面で耐えられるほどの底力はありません。

スポーツ用品の業界には、ナイキやアディダスなどビッグネームがひしめきあい、そのなかで伸び続けるというのは大変なことです。

本書に即していけば、会社に競争力があるか否かが誰でもわかります。「店舗数が増えている、勢いがありそう」というだけでなく、**本当にこの先、競争に打ち勝っていける会社なのか、という目線で判断してください。**

PART 3

会社の「質」を たしかめよう

15

会社の質を見る条件

3つの基準を満たせばよい

3つの視点で良い会社がわかる

身の回りやニュースなどから気になる会社をピックアップしたら、その会社の株を買ってもいいかどうかを評価していきます。

評価基準はその会社が設立から5年以上経っていることに加えて、次の3つです。

①その会社が有能か
②競合他社に負けない特性があるか
③財務内容に問題がないか(PART4参照)

競争に強い会社をしっかり選ぶ

このうち①②を本章で説明します。

まず「①その会社が有能か」です。これには次の4つをクリアしていることが必要です。

- **業務内容が理解できる**
- **世界に目を向けている**
- **成長し続けている**
- **将来性がある**

続いて「②競合他社に負けない特性があるか」です。これは次のいずれかをクリアしていれば良いのです。

- **替えがきかない商品やサービス**
- **特許やライセンスのあるビジネス**
- **低コストの工夫がある**
- **切り替えの面倒な商品やサービス**
- **強いブランド力がある**

バフェットの言葉

注目すべきは事業内容であって、株価の動きではない

PART3で見る

良い会社かどうかを評価する2つの基準

1つ目

その会社が有能か

（64〜73ページ参照）

- 業務内容が理解できるか
- どこでビジネスをしているか
- 成長し続けているか
- 将来性はあるか

2つ目

競合他社に負けない特性があるか

（74〜83ページ参照）

- 替えがきかない商品やサービスか
- 特許やライセンスのあるビジネスか
- 低コストの工夫があるか
- 切り替えの面倒な商品やサービスか
- 強いブランド力があるか

もっとくわしく!!

アニュアルレポート（年次報告書）が情報源になることも

　これから述べていく評価基準にあてはまるかどうかを調べるには、その会社のホームページを活用することにもなる。なかでも**会社が年１回、発表している「アニュアルレポート」を読むことが大切だ**。

　これはホームページ内の株主・投資家向けのコーナーにあり、すぐに見つかる。「株主の方へ」「投資家の方へ」といったアイコンがあるので、それをクリックすれば良い。ただし、それをすべて読み込む必要はない。

16 有能な会社を見極める①
業務内容をひと言でいえる？

多くの会社には複数の収益源がある

有能な会社を見極めるポイントの１つ目は、「**どんなビジネスをしているか**」です。めぼしい会社を探したときに、そこがどんなモノやサービスを扱っているかは、ある程度わかりますよね。

しかし会社によっては、子会社があって本業とまったく違うビジネスをしていたり、不動産を貸して利益を得ていたりと、複数の収益源をもっていることがよくあります。

とはいえ、投資をするなら、その会社がおもにどんなことをして儲けているのか、きっちり把握しておかなければなりません。

仕事内容が理解できなきゃダメ

たとえば日本のマクドナルドは、直営店での商品販売のほか、フランチャイズ収入も得ています（ちなみに、アメリカのマクドナルドは、世界中のマクドナルドからのロイヤリティが莫大な収入になっています）。

このように、収入の大半が商品の売り上げとフランチャイズ収入というのは理解しやすいですよね。

逆に**事業内容が広すぎて本業がよくわからない、自分にはわからないことを行っている会社もあります**。その場合、正しく理解できないので選ぶべきではありません。

バフェットの言葉

自分が理解できないことを始めても、うまくいかない

有能な会社とは

何をやっているのかがカンタンにわかる

●投資してはいけない会社 その1

●投資してはいけない会社 その2

※54〜55ページで話したように、自分のわかる範囲から探すことが大切です

もっとくわしく!!

フランチャイズとロイヤリティ

外食チェーンやコンビニエンスストアなどでは、その店の看板、ノウハウ、レシピなどを他者に貸し出す契約（フランチャイズ契約）を結び、店舗網を拡大している場合がある。

フランチャイズ契約を結んだ加盟店は、契約金を本家に支払い、なおかつ月の売り上げの一部をロイヤリティとして本家に支払う。

17

有能な会社を見極める②

どこでビジネスをしている？

世界に目を向けているか

２つ目のポイントは「**どこでビジネスをしているか**」。その会社が事業を日本だけで展開しているのか、それとも海外にも手を広げているのか。

国内だけではいずれ限界がきます。そのため、事業が国内で完結している会社よりも、**世界まで目を向けているほうが当然、伸びしろが大きいのです**。

市場は広いほうがいい

以前、私がイギリスのブライトンで学んでいたときのこと。友人がいつも同じドリンクを飲んでいたので、それは何かとたずねました。母国では見たことのないものでした。すると彼は「若者向けのレッドブルかな」と答えました。

それは『モンスターエナジー』というドリンクでしたが、それからほどなくして、日本をはじめ世界各国でポピュラーになりました。よって、販売元のモンスター・ビバレッジ社の株価は、私がその存在をしったときから数年で、何倍にも上がっています。

これがずっと欧米だけで売られていたら、そこまで業績は拡大しなかったでしょう。**世界中にシェアを広げ、たくさんの人に好まれたからこそ、株価も大きく上がったのです**。

バフェットの言葉

時間は優良企業の味方になるが、平凡な企業にとっては敵になる

有能な会社とは

ビジネスの場が広い

もっとくわしく!!

これからは海外にも目を向けてもらいたいもの

もちろん、事業が国内市場に特化していながらも優秀な会社はたくさんある。ただ、これから先ずっと、株をもち続けることを考えると、やはり、世界進出をはかっている会社をおすすめしたい。

その会社がグローバルな視野をもっているかどうかは、ホームページを見るとわかりやすい。**とくに株主・投資家向けにつくっている「アニュアルレポート（年次報告書）」を見てみよう**。そのなかの、企業のトップ（社長）のメッセージなどを参考にしよう。

18

有能な会社を見極める③

成長し続けている？

5年にわたって成長し続けていること

3つ目のポイントは「**成長しているか**」です。過去の業績から、順調に成長してきている会社かどうかを見ます。ずっと、もしくは大半で業績が下がっている会社はNGです。この推移は**5年にわたって「EPS」という指標の数字が（数の大きさは関係なく）増えているか、からわかります**。なお、EPSとは株主のもつ1株あたりの純利益の額をさします（98〜99ページも参照）。

各企業のEPSは、証券会社のホームページや金融サイトでチェックできます。また、会社のホームページ内にある株主・投資家向けの「アニュアルレポート（年次報告書）」や「財務データ」のなかに記していることもあります（見つけ方は97ページも参照）。

また、会社の「純利益」の推移にも注視しましょう。これも証券会社のサイトや会社のホームページの、株主・投資家向けコーナーにある決算報告書などに載っています。

成長度合いによって特徴も変わる

会社はEPSの増加（＝会社の成長）の度合いによって大まかに、急成長・中成長・低成長の3グループに分けられます。どのグループに属する株にもメリット・デメリットがあるので、次項でお話しします。

バフェットの言葉

業績が良ければ、株価はおのずと上がる

有能な会社とは

EPSが伸び続けている

○ EPSが増えている

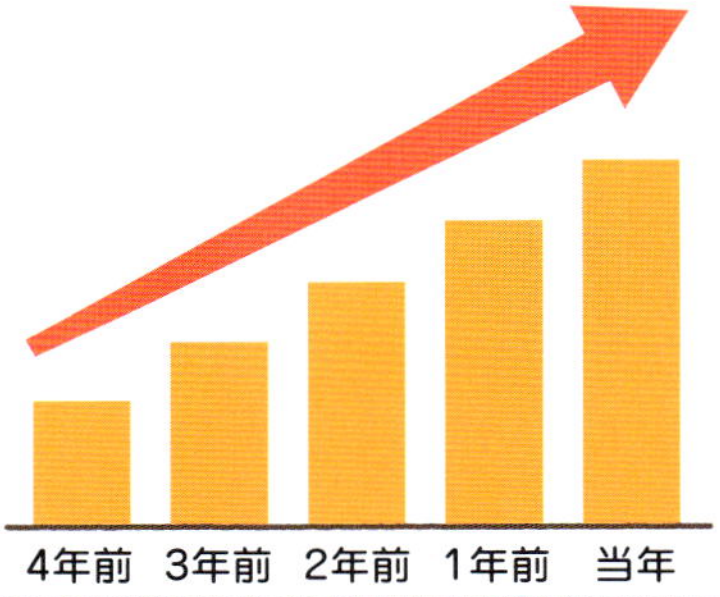

× EPSが減っている

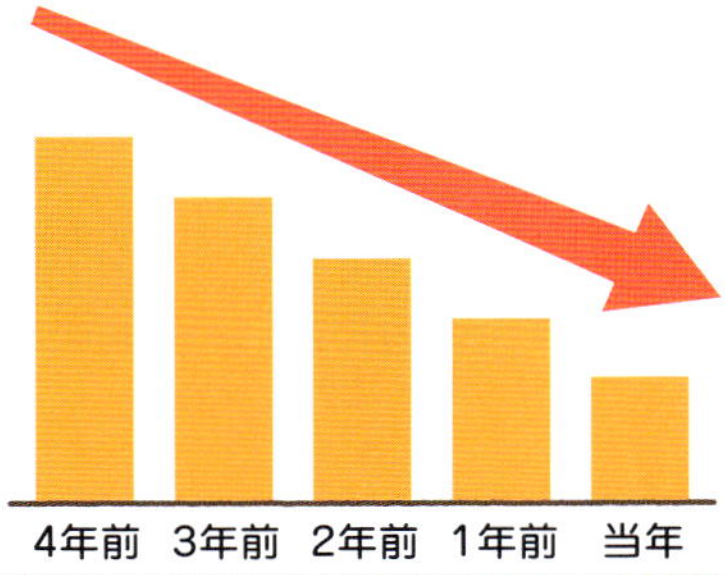

× 大半のEPSが減っている

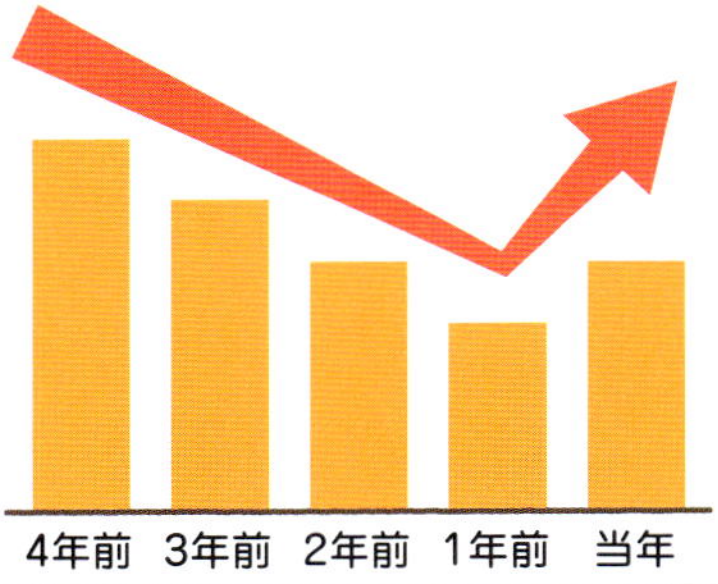

△ 一時のEPSだけ減っている

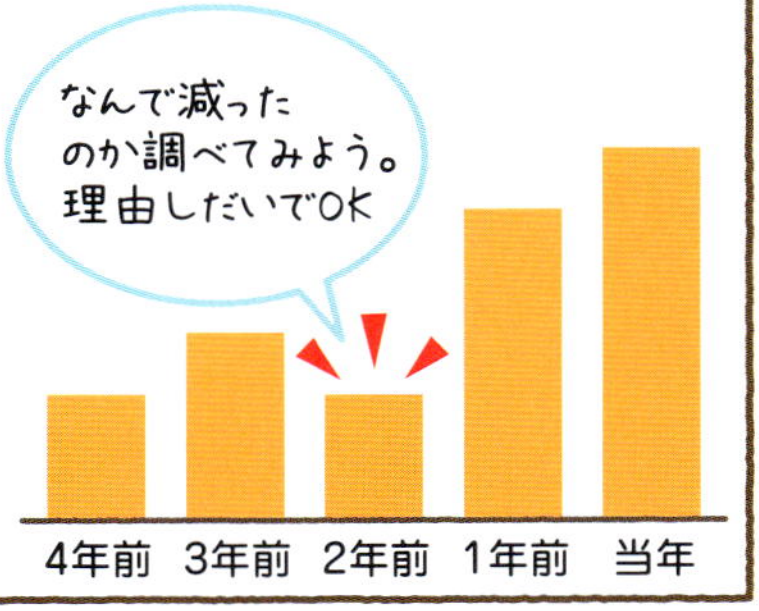

もっとくわしく!!

EPSが増えると株主への利益も増える

EPSとは「Earning Per Share」の略。「1株あたり純利益」ともいう。

EPSは、純利益が増えたり、株式の数が減ったりしたら高くなる。株式数は、会社が自社の株を買ったとき（自社株買い）などに減る。これによって株主の利益が増えるので、自社株買いをよくする会社は、株主を大切にしているとも考えられる。

なお、純利益とは最終的に会社に残る利益（92～93ページも参照）。

19

有能な会社を見極める④

急成長・中成長・低成長がある

急成長の会社は ハイリスク・ハイリターン

引き続き、会社の成長力について話します。

急成長・中成長・低成長の会社がありますが、いちがいにどれが良い、とはいえません。

急成長する会社の定義は1年間に20％以上、業績を拡大させていることです。それにともない、株価が急上昇することもあるでしょう。

ただ、若くて資金力が弱いので、一度何かつまずくようなことがあるとつぶれてしまうというリスクも高いのです。

また、若い会社は利益を株主に還元せず、資本増強や事業投資に回すことが多いもの。となると、配当に期待がもてません。

なお若い会社とはいえ、**選ぶのは設立から5年以上経っているところです**。

低成長の会社は 爆発力はないが配当は安定

逆に低成長な会社は、業績がそれほど伸びるわけではないので、株価もそれほど上がりません。ただ、業績が安定していて、配当金を安定してもらいやすいのが魅力です。

このように、成長度合いによって会社の特徴も変わっていきます。リスクとリターンを考えて、**急成長・中成長・低成長の会社に分けて投資してみるのもいいでしょう**。

バフェットの言葉

高い収益が長く続き、競争するうえでの強みをもった企業の株を買う

有能な会社とは 成長するスピードで分けられる

	急成長の会社	中成長の会社	低成長の会社

特徴	・EPSの伸びが年間20％以上 ・小規模で積極的な事業展開	・EPSの伸びが年間5〜20％ ・適度な大きさでビジネスモデルをあまり変えない	・EPSの伸びが年間2〜5％
メリット	・今後も高い伸びが期待できる	・ゆっくりだけど、成長していく	・配当金が高い ・経営が安定している ※配当金については114〜117ページを参照
デメリット	・リスクも高い（とくに中小企業）	・ビジネスが多角化してきたら要注意（リスクも出始めるので……）	・成長が鈍い

もっとくわしく!!

いまひとつと思っても、簡単にあきらめない

急成長の会社でも、たとえば1か所でしか成功しておらず、この先ビジネスの場を広げられるか不透明な場合、成長がすぐに止まるおそれがある。

低成長で成長が遅く、配当は高くも低くもない……といった会社の場合、一度「イマイチ」と評価しても、そこから変わることもあるので、リストに入れて動向を見守りたい。

20 有能な会社を見極める⑤
将来性はあるか？

経営者のビジョンから将来性を見る

4つ目のポイントは「**将来性はあるか**」。いくら過去の業績が伸びていても将来どうなるかわかりません。今後も成長するのかを見極めるには、**経営者がどんなビジョンを抱いているかを知る必要があります**。

そこで役に立つのが、63ページでも触れた「アニュアルレポート（年次報告書）」に載っている記事です。これは、上場企業が年1回の発行を義務づけられている、その会社の経営内容などの情報を公開する資料です。

なかでもここで大切なのは「社長のメッセージ」です。

未達なことを述べる会社はNG

株を買うなら、株主に対して誠実であり、なおかつグローバルなビジョンをもっている経営者であってほしいもの。

とはいえ、なかには不誠実な経営者もいます。アニュアルレポートで立派なプランを語っていても、実際には実践しないなんてこともよく見かけます。

できれば、**過去1〜2年前のアニュアルレポートの内容もチェックし、今と齟齬《そご》がないか、実現しているかどうか確認しておきましょう**。もしできていなければ、きちんとその理由を述べているはずです。

バフェットの言葉

優秀な経営者は大変貴重である。一定の年齢で引退するのは非常にもったいない

有能な会社とは

これから先もしっかりしたビジョンがある

もっとくわしく!!

アニュアルレポート（年次報告書）をぜんぶ読まなくていい

アニュアルレポートを読めば、会社の事業内容や経営者のビジョン、直近の業績などがだいたいわかる。ただ、たいていの場合、情報量が膨大なので読み込むには大変な時間がかかる。

とはいえ、読まなくていい部分も多い（100ページ以上あっても、大事なのは20ページぶんくらいしかない）。まずは、将来の展望や事業の拡大を語っている「社長のメッセージ」や「業績のハイライト」を見てみよう。

21

会社の特性を見る①

競争に勝てる会社を選ぶ

優位なところにある会社を選ぶ

ここまで、会社が有能かどうかを見る基準について紹介しました。続いて、その会社が「**競合他社に負けない特性をもっているか**」を評価していきます。

多くの会社は、唯一無二の商品やサービスをもっているわけではありません。似たような商品やサービスを提供する会社もあって、同業種のなかで生存競争を繰り広げている、というのが現状です。

とはいえ、投資をするなら、ほかよりも優位なところにそびえている会社を選びたいもの。その優位性を「**エコノミック・モート**」と呼びます。モートとは「（お城などの）お堀」のような意味です。

モートの狭い会社はNG

このエコノミック・モートがない、あるいは狭い会社は、競争に勝つ技術や商品がありません。そのため、**利益減を覚悟した値下げぐらいでしか対抗できないなど、厳しい戦いを強いられます**。一方、エコノミック・モートが広い会社には競争に勝つ強みがあります。では、エコノミック・モートが広い会社とはどんなものか？　次項から説明します。

なおここからは、以降で述べる基準のどれかにあてはまっていればＯＫです。

バフェットの言葉

私の好む企業はかっこいいお城のようなところ

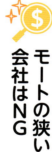

会社の特性とは

他社をよせつけない強みがあること

- 替えがきかない商品やサービスがある
- 特許やライセンスをもっている
- 低コストでムリなく生産している
- 切り替えの面倒な商品やサービスがある
- ブランド力が強い

左のどれかにあてはまればOK

もっとくわしく!!

エコノミック・モートが広くないと利益は出ない

城を取り囲むお堀が広いほど、その城を攻撃するのは難しくなる。よって「**お堀が広い＝難攻不落**」ということになる。

逆にお堀が狭いと、ないよりはマシだが、敵に攻められやすい。

これを会社に置き換えると、エコノミック・モートが広い会社は競争力が高い。一方、エコノミック・モートがないと、カンタンにビジネスをコピーされてしまう。

22 会社の特性を見る②
替えがきかない商品を扱う

「この会社でなきゃ!」といわれるところは強い

投資をするにあたって大切なのは、同業他社に負けない特性をもっている（＝エコノミック・モートが広い）会社を選ぶことと話しました。

その典型例は「**ほかに替えがきかないような商品やサービスを提供している会社**」です。

これはある特別な権利をもっていて、一分野を独占している、というようなところばかりではありません。

たとえば、マクドナルドやケンタッキーフライドチキン。ほかにも似たような外食チェーンはありますが「この味が好き」という**固定ファンがたくさんいます**。こんな会社も事実上、ほかに替えがきかない会社といえるのです。

取って替わるモノがないか確認しよう

取り扱う商品やサービスが、他社が簡単にマネできるようなものだと、競合相手が乱立するため、優位性が高いとはいえません。

たとえば高品質なアパレルメーカー、あるいは百貨店などが伸び悩んでいるという話をよく聞きます。

それは取り扱う商品が安くて品質もデザインもそこそこ良い、同業他社のモノに取って替わられやすいからでもあります。

バフェットの言葉

大切なのは商品自体が長くもちこたえられるものかを考えること

会社の特性とは

やっぱりこれじゃなきゃ！　といわれるモノやサービス

多くの人の定番モノか？ 売れ筋をチェック

利用するのに選ぶ余地があまりないモノか

生活インフラ系

交通インフラ系

替えがきかない会社の探し方

あまり選択肢がなく「その会社の商品やサービスを利用するしかない」という例はたくさんある。たとえば、**電気・ガスなどの生活インフラ系、鉄道などの交通インフラ系である**。

ただ、替えがきかないような商品・サービスの会社は低成長の大会社に多い。とはいえ、これまで存在せず、今後世の中を変えていくような画期的な技術をもった会社（マイクロソフトなど）が現れることも十分あり得る。

23

会社の特性を見る③

特許やライセンスがある

商品やサービスが法律で守られている

カンタンに技術やアイデアをマネできる商品やサービスだと、競合他社にどんどん盗まれていってしまいます。

しかし、**その商品やサービスが法的に守られていれば別です**。

たとえば主力商品で「特許」を取得し、他社がマネできない場合。あるいは、何らかの資格やライセンスがないと参入できない分野やビジネスも、関連会社に強みがあります。

防災製品メーカーにジェンテックスという会社があります。この会社は、電気機械式の自動防眩《じどうぼうげん》ミラー（後続車両のヘッドライトから発せられる、まぶしい光を抑えるミラー）のパイオニアでもあり、製品は多くの自動車メーカーに採用されています。

ジェンテックス社はこのミラーなどで特許を取得しており、他社は追随できません。

特許で守られていればひとり勝ち

このように、**法律によって競合相手を排している会社は、エコノミック・モートがかなり広いといえます**。特許やライセンスの有無は、アニュアルレポート（63ページ参照）などに載っています。

ほかにも商品名などに®が表記されているモノや会社は、商標権が守られています。

バフェットの言葉

ホンモノの企業には耐久性に長けた「堀（モート）」がある

会社の特性とは

商品やサービスが法的に守られている

特許とは……

エッヘン!

商品などの開発者に対して
一定期間(日本では20年間)
独占的に使用が認められる権利

その間

他社がつくったりできない

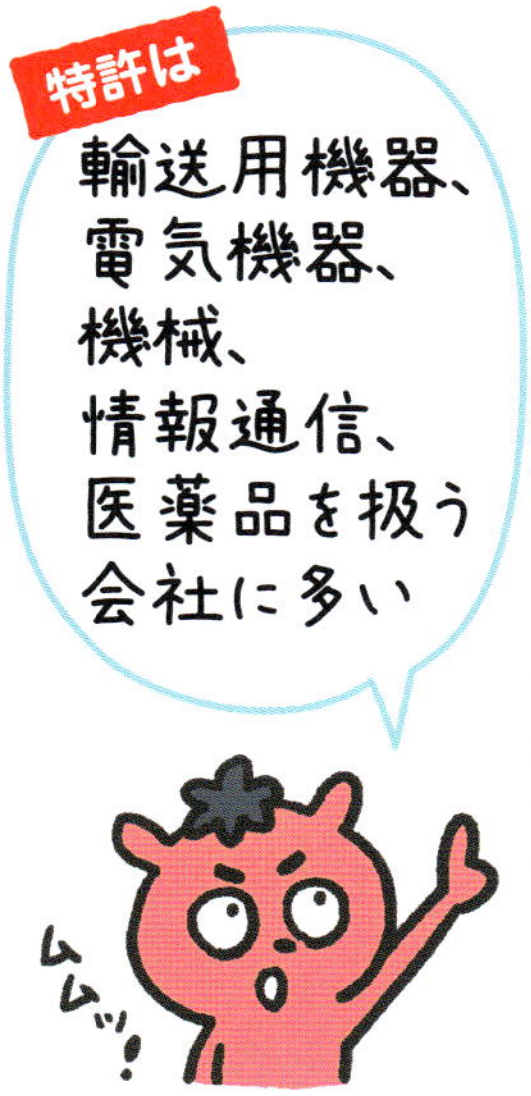
特許は
輸送用機器、
電気機器、
機械、
情報通信、
医薬品を扱う
会社に多い
ムムッ!

ほかにもあるライセンス

Ⓡマーク/Ⓒマーク {音楽・プログラム・映画 など

……これらのマークがついたモノは、他社が無断で使うことができない

TMマーク

……たんなるトレードマークを示すので、法的効力はない

もっとくわしく!!

特許には期限がある

特許の場合、権利が永遠に続くわけではなく、期限が決まっている(日本の場合は出願から20年間)。

なお、特許期間がたっぷり残っていても、技術革新によってそれを上回るモノを提供する会社が現われる可能性もあるので、特許があるからずっと安泰というわけではない。

24

会社の特性を見る④

コストをかけない工夫がある

低コストで高品質を実現している

どんな商品・サービスも、品質と価格のバランスが重要です。

たとえ高品質でも、コストがかかっていて価格が高すぎたら、普及しづらいでしょう。逆に激安でも、質が悪いと売れません。さらに、価格競争にともない、本来得るべき利益を削ったうえでの低価格となると、会社の業績が上がっていきません。

たとえば、ユニクロのファーストリテイリングが成功したのは、コストカットを工夫し、低価格で質の良い製品を販売できたから。

コストカットはなにも人件費や原料だけでなく、建物の立地や流通などでもできます。このように、低コスト生産者であることも、良い投資対象の条件です。

切り替えが面倒なサービス・商品も強い

また、利用者が「ほかのサービス（商品）のほうがいいかも」と思っても、**切り替えに手間やコストが発生するようなサービス（商品）を提供する会社も、優位性があります。**

今だとインターネットのプロバイダ、携帯電話のキャリアなどがあげられます。また、ＬＩＮＥのようにユーザーが非常に多く、ほかのサービスに切り替えづらいものを提供している会社も、そういえるでしょう。

バフェットの言葉

成功し続けるには、低コスト構造や強力なブランドを築く、会社の「堀（モート）」が欠かせない

会社の特性とは

低コストで高品質のワケをさぐる

- 商品の企画・製造から小売りまでを手がける
  ➡仲介・小売業者へのマージンがかからない
- 立地条件の悪いところに工場や倉庫を設ける
  ➡土地代などを削減できる
- ネット販売を主とする
  ➡店舗にかかるコストを削減できる
- 特定のユーザーにかぎったモノにする
  ➡そのユーザーにとって不要と思われる機能を減らして安く提供

……など

なんで安いのか気になったら、
会社のホームページなどで確認！
ナットクできる答えを見つけよう

切り替えが面倒な商品・サービスとは……

- 切り替えるのにいろんな手続きが必要
- 切り替えるのに新たにお金や時間がかかる
- 使い慣れたものなので、あえて切り替える必要性を感じない

携帯電話やクレジット
カード、住宅、車、保険
などが浮かぶヨ！
ほかにも探してみよう

25

会社の特性を見る⑤

強いブランド力がある

ブランド・ロイヤリティが高いと良い

もう1つ、エコノミック・モートが広い会社をあげます。それは「**強いブランド力がある会社**」です。

知名度の高いブランドをもっている会社はパワフルです。たとえばナイキやアップル、ダイソン、ウォルトディズニーといったところでしょうか。強力なブランドはくりかえし、そのブランド名で収益を生み出せます。

「**ブランド・ロイヤリティ**」という言葉があります。これが高いと、一度そのブランドに根づいた消費者は、別の会社に似たような商品があっても、好んでそのブランドを選んでくれます。

日本では今『iPhone』が人気ですが、その製造・販売元のアップル社は、ブランド・ロイヤリティが高い会社の典型といえるでしょう。

評価基準すべてを満たさなくてもOK

ここまで、他社に負けない特性をもつ会社の基準を紹介してきました。

これらのうち、1つでも満たしていれば高く評価できます。

これで「S・E・G・A（59ページ参照）」の「E（evaluate：評価する）」まで終わりました。次はGに入ります。

バフェットの言葉

寡占は、独占の次に素晴らしい

会社の特性とは

ブランド力は強力な武器

強いブランド力とは

- 誰でも聞けばわかるブランド
- ブランド・ロイヤリティ（ブランドへの忠誠心）を誓うユーザーがいる

▼

- 評判から新規ユーザーが増える
- リピーターが増える

▼よって

値下げなどしなくても十分勝てる

ある程度メジャーなブランドじゃないと効果ナシ

✕一部の愛好家レベルのブランド
✕たんに誰でもしっているだけのブランド
（ここじゃないとダメという人が少ない……）

▼

今後も伸びていく可能性は低い

ブランド・ロイヤリティが低い

もっとくわしく!!

ブランド・ロイヤリティは強力な武器

ブランド・ロイヤリティとは、**特定のブランドに対する消費者の忠誠心**をさす。これが高いと、そのブランドに根強いファンがたくさんいて、つねにそのブランドをチョイスしてくれることになる。つまり、リピーターが多く、ブランドとして成功している状態。

たとえ、競合相手の商品より割高だったとしても、優位に立てる。

業績に難ありだと、配当が廃止されることも

Cさんは、株式投資をするにあたり「定期的な配当金や株主優待をもらいたい」という考えをもっていました。

そのため、株を選ぶ際は「配当利回りが高いこと」「株主優待が豪華なこと」を基準としていたのです。

その後、Cさんの買った株は、順当に配当金を払いつつ、値上がり益を出していたものもありましたが、いくつかの銘柄は暴落してしまいました。

ある銘柄は、Cさんが買った後に配当の廃止が発表されました。

配当利回りは「1株あたりの配当金÷株価×100」で算出します。そのため、会社の業績が悪くて株価が安いときでも、利回り自体は高くなってしまいます。

Cさんは配当利回りに注目していましたが、じつは高い配当金を出せる優良な会社の株ではなく、業績が低迷し、株価が落ち込んだ会社の株を買っていたのです。

結局その会社は、配当金を出す体力がなくなり、配当自体を廃止し、株価はさらに下がりました。

別の会社の株は、株主優待の豪華さで人気を集めていましたが、あるとき優待の内容が改悪されていました。その後、株価も暴落してしまいました。

配当や優待など、目先のお得感だけにとらわれるのではなく、**その会社の業績や成長性に目を向けておかないと**、Cさんのように痛い目にあってしまいます。

PART
4

会社の「お金」をたしかめよう

26

財務諸表の基本

会社のフトコロ事情を評価する

財務諸表からお金まわりがわかる

PART4では、これまでみなさんが目をつけた会社に投資してもいいのかを、財務面から見ていきます。

その会社がどれだけの資産をもち、どれだけ借金して、どれだけ利益を得ているか……お金まわりの情報を確認することは、投資をするうえで必要不可欠です。

それを見極めるのに便利なのが「財務諸表」といわれるものです。

財務諸表は「**貸借対照表**」「**損益計算書**」「**キャッシュフロー計算書**」の3つからなります。上場会社はこれらの資料を開示するよう義務づけられています。

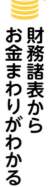

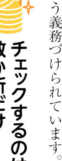

チェックするのは数か所だけ!

会計や財務が苦手な人にとって、財務諸表を見るのはハードルが高いかもしれません。ですが、**見るところは決まっているので、それらを拾うだけでも、その会社のお金まわりの状況がつかめます。**

次ページから財務諸表の見方・注意すべき点を解説します。なお、財務諸表は直近だけでなく、過去5年ぶんを見てください。会社のホームページの、投資家・株主向けのコーナーなどで「決算報告書」として公開されています。誰でも楽に閲覧できます。

バフェットの言葉

めぼしい企業の年次報告書と競合会社の年次報告書、これがおもな情報源

必要なのは
貸借対照表と損益計算書とキャッシュフロー計算書

1
どこから探す？
会社のホームページの投資家・株主コーナーにある決算情報・決算報告書のなか

※上場企業なら必ずあるよ

2
単体なの？ 連結なの？
会社単体の決算報告書、子会社・関連会社も含めた連結の決算報告書があるが、必要なのは連結のほう

3
年次？ 半期？ 四半期？
会社によっては四半期(3か月)ごとに決算報告書を出しているが、必要なのは年次(通年)のみ

4
過去どのくらいぶん必要？
できれば過去5年ぶんくらい見ておこう！ ※バックナンバーとして載っている

※決算情報・決算報告書のなかにあるよ

もっとくわしく!!

会計はビジネスの言語である

バフェットは投資をする際、財務諸表を重視している。「会計学を理解し、そのニュアンスも理解できねばならない。会計はビジネスの不完全な言語であるが、財務諸表を読み、理解するために会計学を学ぼうとしないかぎり、自分で株は選ぶべきではない」という言葉も残している。

もちろん最初は難しい。ただ、必要な箇所を押さえて、少しずつ読む努力をしていくと、ラクに有益な情報をピックアップできるようになる。

27

貸借対照表①

「資産」の内訳がわかる

「資産」と「資本」はぜんぜん違う

まずは「貸借対照表」についてお話しします。これは「バランスシート（B／S）」とも呼ばれています。

貸借対照表を見ると、その会社にどれだけの「資産」があり、そのうち負債や資本が各々どのくらい占めているかがわかります。

よく「資本」と「資産」を混同している人がいます。資本とは「会社がもっている財産、もしくは株主から集めた資金など」のこと。

これに対し、資産は「現金に替えられる財産全般」をいいます。

重要なのは、資産には「借金して手元にある資金（＝負債）」も含まれていることです。つまり、**「資産＝資本＋負債」なのです。**

資本は「純資産」とも呼びます。つまり、**「その会社自身の（借り物を含まない）純粋な資産」こそが、資本なのです。**

借金がどれくらいかひと目でわかる

左ページのとおり、貸借対照表は左側が資産、右側が負債と資本（純資産）で、ちょうど金額が合うようになっています。

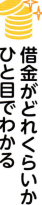

基本的に、負債は少ないに越したことはありません。**貸借対照表は、ひと目で資産に占める負債の割合が多いか少ないか、わかるようになっています。**

バフェットの言葉

投資家は、会社の資産がどう動くかに着目する

貸借対照表から

会社にどれだけ、どんなお金があるかわかる

貸借対照表（B/S）

資産の部		負債の部	
流動資産	×××	流動負債	×××
現金及び預金	×××	買掛金	×××
受取手形	×××	短期借入金	×××
売掛金	×××	未払金	×××
有価証券	×××	前受金	×××
製品	×××	その他	×××
原材料	×××	固定負債	×××
繰延税金資産	×××	社債	×××
貸倒引当金	×××	長期借入金	×××
固定資産	×××	その他	×××
有形固定資産	×××	負債合計	×××
建物	×××	純資産（資本）の部	
機械装置	×××		
工具器具備品	×××	株主資本	×××
土地	×××	資本金	×××
無形固定資産	×××	資本剰余金	×××
のれん	×××	資本準備金	×××
ソフトウェア	×××	利益剰余金	×××
投資その他の資産	×××	利益準備金	×××
投資有価証券	×××	その他利益剰余金	×××
関係会社株式	×××	繰越利益剰余金	×××
その他	×××	評価・換算差額等	×××
貸倒引当金	×××	少数株主持分	×××
		純資産（資本）合計	×××
資産合計	×××	負債・純資産（資本）合計	×××

左側　右側

資産：もっているもの

負債：借りているもの

資本：返さなくてもいいもの

資本＝純資産

同業他社と比べてみよう！

左側（資産）と右側（負債＋純資産）は同額

なぜ負債は少ないほうがいい？

「資本」の場合、基本的に返済しなくてよく、利息も発生しない。

これに対し「負債」は「他人資本」なので、返済しなければならず、利息もかかる。そのため、**負債が資本に対して多すぎると、清算しきれず倒産するおそれもある**。なお、負債には「借入金（いわゆる借金）」のほか、「未払金（仕入れなどでまだ支払っていない代金）」「預り金（従業員の保険料などとして一時的に預かっている資金）」などもある。

28

貸借対照表②

資本は会社の価値を表す

資本は誰にも返さなくていいお金

もう少し貸借対照表の話を続けましょう。

資本には、種類があります。

まずは会社が手元に置いている現金。会社は利益を出したとき、それで必要な投資をしたり、株主に配当金を支払ったりしますが、一部は手元に置きます。ある程度の現金がつねに必要だからです。

株を買うことで投資家が出資したお金も資本の一部です。また、会社はみずから自社株を買うことがあります。そのぶんは「自己株式」と呼ばれ、やはり資本の一部に含まれます。

資本は会社の価値を表す

これら資本の合計が、その会社の「正味価値」といえます。負債は他人のお金で、いずれ返さなくてはなりません。よって、負債を含めた「資産」ではなく、**「資本」でその会社の価値を評価します**。

たとえば、ある会社の資本が10億円だとします。仮にあなたが、その会社を買収するなら、資本が10億円ならそれ以上のお金は出したくない、ということになります。

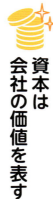

このように、貸借対照表の「資本」の部分は「会社の価値」として、**会社の実力をしるのにとても役に立ちます**。

バフェットの言葉

企業価値さえ理解できていれば、その株価が下がるほど良い

貸借対照表から

資本から会社本来の価値がわかる

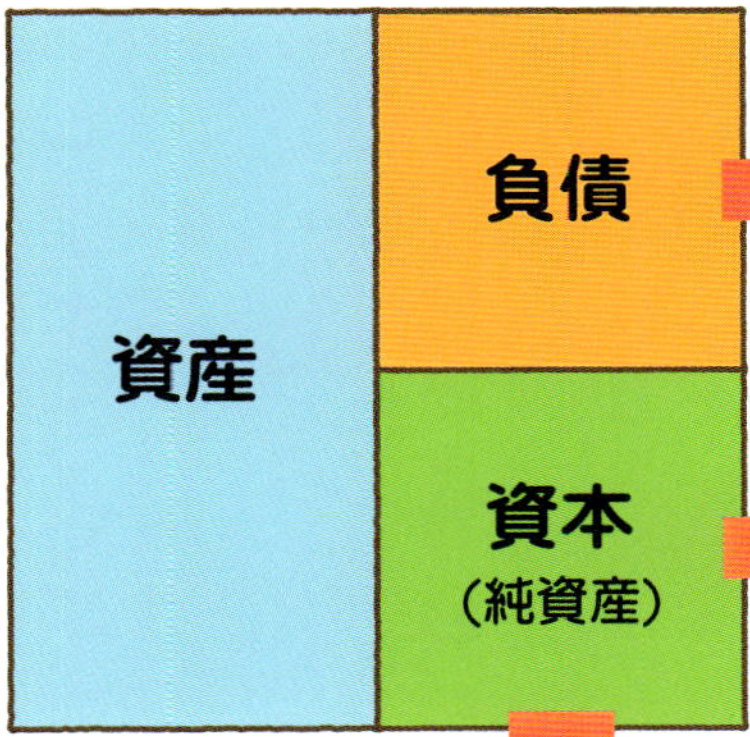

負債 → 返さないと いけないお金 (借りたお金)

資本(純資産) → 返さなくても いいお金 (企業のところにある利益 投資家が出資したお金　など)

資本(純資産)=会社本来の価値

本来の価値よりも下の価格で取引するのがベスト!

▼

その方法はPBR0.7倍以下となる
(106〜107ページ参照)

もっとくわしく!!

貸借対照表にある「流動」と「固定」の差って?

貸借対照表の「資産」の部は大きく、流動資産と固定資産に分けられる。この流動と固定の差は**1年以内に現金化できるかどうか**。現金化できるのが「流動資産」で現金・預金、売掛金などがある。一方、現金化できない「固定資産」は建物や土地、機械など。

「負債」も同様、1年以内に返済すべきものが流動負債、それ以上で返済するのが固定負債。

ここでは、流動資産÷流動負債が2以上だと良い。

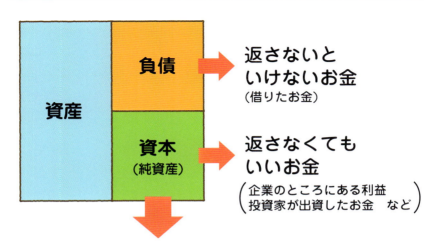

29

損益計算書

「儲かっているか」がわかる

純利益は最終的な儲け

続いて「損益計算書」（P／L）について話します。

損益計算書は、会社の一定期間の利益と損失について記したものです。会社がどれだけ儲けているか、損しているかがわかります。

さまざまな項目がありますが、**手っ取り早く「赤字か黒字か」を判断したいなら、「純利益」を見ます**。純利益とは、その期間の最終的な儲けがどれだけあるかを示します。

純利益がマイナスなら利益が出ておらず、資本を食いつぶしたり、負債を増やしたりすることにつながってしまいます。

効率的に儲けているか着実に伸びているかが大事

バフェットはベンジャミン・グレアムとちがい、貸借対照表だけでなく、損益計算書も重視しています。たとえば「純利益が継続的に増えているかどうか」。純利益が増え続けている会社は、儲けを出し続け、成長していると判断できるからです。

さらに、売上高に占める粗利益の割合が高いこと。低い原価で高い利益を出しているかどうかを、「粗利益率」という指標でチェックしているといわれています。

これらの項目から、会社が効率的にコストを抑えて商売できているかが判断できます。

バフェットの言葉

利益の上がらない企業は、いくらお金を借りても足りない

損益計算書から

どれだけ利益を出しているかがわかる

損益計算書(P/L)

＋ 売上高(商品を売って得たお金)
▲ 売上原価(商品をつくったり、仕入れたりするのにかかったお金)
＝ **売上総利益(粗利益)** → 商品を売って得た利益

▲ 販売費および一般管理費(販管費)(商品を売るのにかかったお金)
＝ **営業利益** → 本業で得た利益

＋ 営業外収益(受け取った利益など)
▲ 営業外費用(支払った利息や手数料など)
＝ **経常利益** → 経営活動で得た利益

＋ 特別利益(土地や株を売って得たお金など)
▲ 特別損失(災害やリストラなどで失ったお金など)
＝ **税引前当期純利益** → その期に特別に発生したことまで入れた利益

▲ 法人税・住民税など
＝ **当期純利益**(最終的な儲け) 重要

当期純利益が伸び続けていれば、なお良い

ちゃんと儲けているの？
ムムッ！

もっとくわしく!!

売上高－売上原価＝粗利益

粗利益とは「売上高」と「売上原価」の差額。売上高は、商品やサービスを売って、得た代金のこと。売上原価はその商品などをつくるのにかかったコスト。

売上高も売上原価も損益計算書に載っているので、「粗利益」はカンタンに計算できる。また、粗利益を売上高で割って「粗利益率」が出せる。

粗利益率が高ければ、効率的に利益を出せている状態。同業他社と比べてみると、その会社の実力が見えてくる。

30

キャッシュフロー計算書

「お金の流れ」がわかる

何をやってお金が増減しているかがわかる

最後に「キャッシュフロー計算書」（C／S：以下キャッシュフローは「CF」とする）について話します。

貸借対照表で会社の資金の出どころがわかります。損益計算書で会社がどれだけ儲けているか（損しているか）がわかります。

これに対してCF計算書は、ほかの2つではわからない**「お金の流れ」を明らかにするものです**。

どんな活動によって、その会社のフトコロにどれだけお金が流入したか、あるいは流出したか。さらに、どれだけお金を蓄えたのかも、CF計算書でたしかめられます。

営業CFがプラスなことが必要

CFには「営業活動によるCF」「投資活動によるCF」「財務活動によるCF」の3つがあります。

「営業CF」は本業の損益を示します。

「投資CF」は株などへの投資や設備投資の損益を示します。

「財務CF」は借金の状況（借りたらプラス、返したらマイナス）を示します。

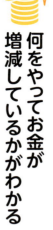

このうち、最も重要なのは営業CFです。**良い会社の条件は、営業CFが継続してプラスになっていることです**。

バフェットの言葉

そこそこの企業を良い価格で買うよりも、良い企業をそこそこの価格で買うほうが断然良い

キャッシュフロー計算書から

どんな活動でお金が増減しているかがわかる

キャッシュフロー計算書(C/S)

区　分	金　額
Ⅰ 営業活動によるキャッシュフロー	
税引前当期純利益	＋＊＊＊
減価償却費	＋＊＊＊
売上債権の増加	－＊＊＊
棚卸資産の増加	－＊＊＊
仕入債務の増加	＋＊＊＊
法人税等の支払額	－＊＊＊
営業活動によるキャッシュフロー	Ⅰの合計……①
Ⅱ 投資活動によるキャッシュフロー	
有形固定資産の購入	－＊＊＊
有形固定資産の売却	＋＊＊＊
有価証券の購入	－＊＊＊
有価証券の売却および満期償還	＋＊＊＊
投資活動によるキャッシュフロー	Ⅱの合計……②
Ⅲ 財務活動によるキャッシュフロー	
借入金の増加	＋＊＊＊
借入金の返済	－＊＊＊
財務活動によるキャッシュフロー	Ⅲの合計……③
Ⅳ キャッシュ等の増加額	（①＋②＋③）……④
Ⅴ キャッシュ等の期首残高	⑤
Ⅵ キャッシュ等の期末残高	④＋⑤

フリーキャッシュフロー（Ⅰ＋Ⅱ）：自由に使えるお金

営業CF　重要

上向きになっていることも大切

投資CF

財務CF

Ⅳ → 1年間の現金の動き

Ⅴ → 期首での手元の現金

Ⅵ → 期末での手元の現金

何にお金使ってるんだろ？
ウ～ン

もっとくわしく!!

営業CFがずっと上向きなのが望ましい

本文でも説明したように、営業ＣＦは本業での損益を表す。**優良な会社はこの営業ＣＦがずっと上向きになっている。**

ちなみに、財務ＣＦが大幅にプラスになっていて、その会社の残高が増えていた場合、それは借金をしてお金が増えていることになるので、良いとはいえない。

31 株価指標でふるいにかける

指標を使って見極める①

財務状態を見て評価終了ではない

財務諸表についてある程度話したところで、今一度「投資する株を選ぶステップ」を振り返っておきましょう。

まず身の回りやニュースなどから、気になる会社を探します。そして、その会社のエコノミック・モートが広い（競争での優位性が高い）かなどどうかをたしかめます。さらに、財務諸表でお金まわりの状況を確認します。

ここからは以上で抽出した株を、さらに選別する条件について話します。

ここでは株価指標を使います。具体的にはROEやROA、PBRというもの。それぞれについては、以降でちゃんと説明するので安心してください。

これらは**会社が健全に経営されているか、今の株価が安いか高いかなどをチェックするのに役立ちます**。

買うタイミングも指標でわかる

具体的な条件は次ページから説明しますが、これらをすべて満たす会社を見つけられたら、迷わず買いです！

業績が成長していることやエコノミック・モートが広いことは、優良な株としての条件ですが、これ以降では、今がそれを買うべきタイミングかどうかもわかります。

バフェットの言葉

1年間の業績を深刻にとらえない。むしろ4、5年の平均の業績に着目する

ここは根気よく

株価指標を見ていこう―指標の探し方

1 アニュアルレポートから見つける

会社のホームページにある
「財務データ」など
のコーナーで、
おもな指標の
推移が載って
いることもある

2 財務諸表の該当項目を抽出して計算

おもに使うのは
「貸借対照表」と
「損益計算書」

3 証券会社や金融サイトのスクリーニング機能を使う

●Yahoo! ファイナンスのサイトの場合 ※PCサイトの場合

- 上部にある紺色のバーの左から8番目「企業情報」をクリック
- 該当する会社名を入力
- 「上場企業検索」をクリック
- 左側にある「基本情報」欄の「連結決算推移」をクリック

……これでいくつかの指標は検索できる

●モーニングスターのサイトの場合 ※PCサイトの場合

- 上部にあるグレーのバーの左から2番目「株式」をクリック
- 該当する会社名を入力
- 「検索」をクリック（検索後、複数の銘柄が出たら、該当するものをクリック）
- 会社名の下の水色のバーから「指標」をクリック
- 「株価指標」「成長性」「収益性」をクリック

……これでいくつかの指標は検索できる

もっとくわしく!!

必要な株価指標だけ覚えておけば後はラク

株価指標とは、会社の株価が高いか低いかをチェックする、さまざまな尺度のこと。その時点の株価や、会社の資産などの数字を使って計算する。

株価指標以外にも、財務関連のデータから、会社の健全さを出す指標などもあり、会社研究するのに欠かせない資料となっている。これらは、**証券会社のホームページや金融サイトなどでカンタンに調べることができる。**

32 指標を使って見極める②

EPSが5年間伸びている

過去の推移と予想値もプラスなら◎

PART3（68ページ）で、会社が成長しているかどうかがわかる指標として「EPS（1株あたり純利益）」を紹介しました。

EPSは「当期純利益÷発行済み株式数」で求められます。**EPSが継続的に伸びているのなら、その会社は順調に成長していると判断できます。**

EPS自体が『会社四季報』や「Yahoo！ファイナンス」などに載っている基本の指標なので、カンタンにチェックできます。

EPSが伸びていくにはもちろん、純利益の成長も必要です。EPSと純利益が同時に伸びているのがベストですが、より重視すべきはEPSです。

純利益だけでは見誤ることもある

仮に、純利益が10億円のA社と、20億円のB社があったとします。

純利益でいうとB社のほうが稼いでいます。ただ、A社のEPSが100円で、B社が50円だとしたら、A社のほうがB社よりも1株あたり2倍の利益を出しているため、A社のほうが有望といえます。

私たちが買うのは会社全体ではなく、あくまでも株なので、全体の純利益よりもEPSのほうが大切になってきます。

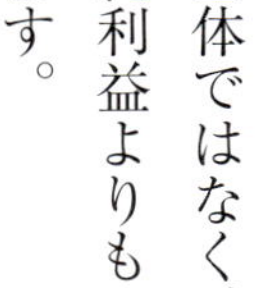

バフェットの言葉

収益の伸びに確信がもてないかぎり投資しない

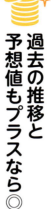

EPSから

順調に成長しているかがわかる

EPS（1株あたり純利益）
＝当期純利益÷発行済み株式数

※EPSについてはPART3(68～69ページ)も参照
※当期純利益……損益計算書を参照
※発行済み株式数……Yahoo！ファイナンスなどで検索

純利益が多ければいいというワケではない

	純利益		発行済み株式数		EPS
A社	10億円	÷	1000万株	＝	100円
B社	20億円	÷	4000万株	＝	50円

……市場に出している株の数が少なくても高くなる

まだまだ～
5年間伸び続けていることが大切だヨ！
「1株あたり純利益」として会社の財務データに載っていることも多いヨ
もっとくわしく!!

発行済み株式数とは

その名のとおり、実際に企業が発行した株式数のこと。この数に株価を掛けたものを「**時価総額**」といい、株式市場における企業の評価に使われる。時価総額が大きいほど、業績や将来性が期待されていることである。

また、106ページに出てくるＰＢＲという指標を求める際に使う、ＢＰＳという指標は、純資産（資本）額を発行済み株式数で割って求められるもので、会社の安定度を表す。この数値が高いほど会社は安定していることになる。

33

指標を使って見極める③
ROEが5年にわたり15％以上

株主のお金で効率的に利益を出しているか？

「ROE」は「Return On Equity」の略で、和訳は「株主資本利益率」。「当期純利益÷自己資本（株主資本）×100」で計算します。

当期純利益とは、売上高などからコストなどを差し引いたその1年間の最終利益。

自己資本（株主資本）は、株主が株を買うことによって出資したお金のこと。

つまり「**株主のお金を使って、その会社がどれだけ効率的に利益を出せているか**」を表します。

たとえば、A社の純利益が1000万円で、株主資本が1億円だとしたら、ROEは10％。

B社の純利益がA社と同じ1000万円で、株主資本が5000万円なら、ROEは20％です。両社の純利益は同じですが、B社のほうが、効率よく株主資本を活用して、利益を生んでいます。

業種によって水準が異なることもある

ROEは、よく「10％以上なら良い」といわれます。しかし、私はさらにハードルを上げ、過去5年にわたり、**だいたいのROEが15％以上の会社**を探すようにしています。

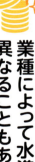

ただ、15％以上だと優良銘柄が出てこないこともあるので、同業他社を何社かピックアップして比較するのもいいでしょう。

バフェットの言葉

ROEが年間で15％なら、四半期の業績を心配することはない

ROEから

投資家のお金でどれだけ儲けているかがわかる

ROE（株主資本利益率）
＝当期純利益÷自己資本(株主資本)×100(%)

※当期純利益……損益計算書を参照　※自己資本(株主資本)……貸借対照表を参照

高い
・資金をうまく使いこなせている
・上手な経営が行われている

↕

低い
・資金をうまく使いこなせていない
・うまく経営できていない

ROEや（次に紹介する)ROAは代表的な指標なので、会社の財務データや金融サイトでも調べられるヨ
15%以上が望ましい

もし、15%以上が見つからなかったら……

同業他社をいくつかピックアップして、業界の平均値を出してみよう！

▼

その会社が平均よりも上の数値で一定を保っているか、上向いていればOK

34

指標を使って見極める④
ROAが5年にわたり7%以上

純利益を負債も含めた総資産で割る

「ROA」は「Return On Asset」の略で、和訳は「総資産利益率」。「当期純利益÷総資産×100」で計算します。

ROEが純利益を株主資本で割るのに対し、ROAは負債も含めた「総資産（資本＋負債）」で割ります。

よってROAを見ると、**その会社の資産全体から、どれだけの利益を生み出しているかがわかります**。

株を買ううえでは、ROEを重視する傾向にあります。ROAはROEとあわせてチェックする程度でもいいでしょう。

というのも、その会社が借入金を増やしていようとも、結局、借入金も総資産に含まれてしまうので、ROAが高くなってしまうからです。

一方で、株主資本がもとになっているROEでは、それができません。

とりあえず安定していればOK

過去5年にわたって、ROAが7%以上のところに絞ると、優良な会社を割り出せます。ただし、業種によってかなり差があり、7%以下でも十分なケースもあります。なのでROAは、**安定している、上昇しているというだけでもOKです**（次ページ参照）。

バフェットの言葉

企業の状況を見て投資すべきか判断する

ROAから
資産を上手に使っているかがわかる

ROA（総資産利益率）
＝当期純利益÷総資産×100(%)

※当期純利益……損益計算書を参照　※総資産……貸借対照表を参照

資産を使ってどれだけ利益を上げたか

ROAが高いほど、資産をうまく使いこなせている

しかし

**「負債」も資産に含まれるので、
ROAが良くても、
実状は借金まみれということも……**

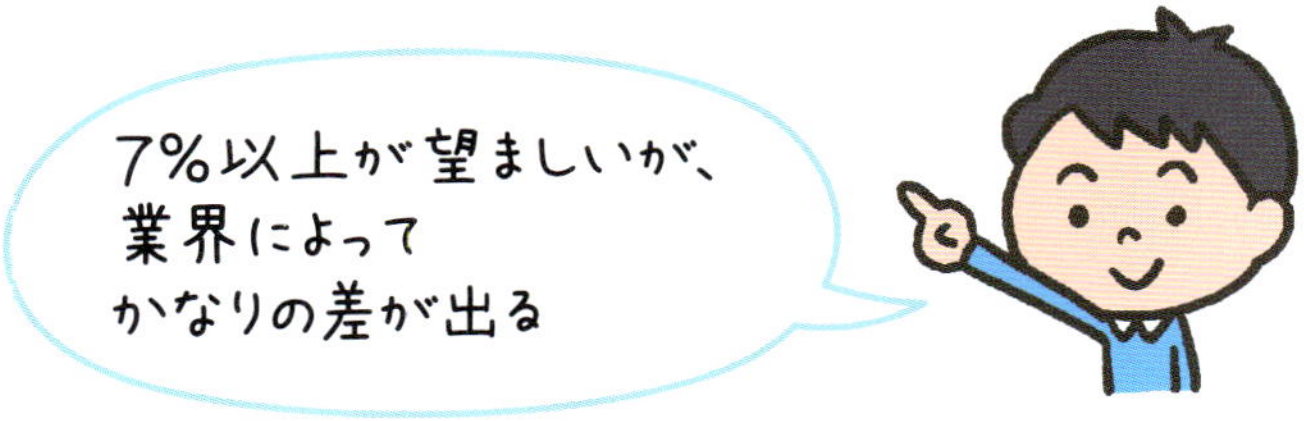
7%以上が望ましいが、業界によってかなりの差が出る

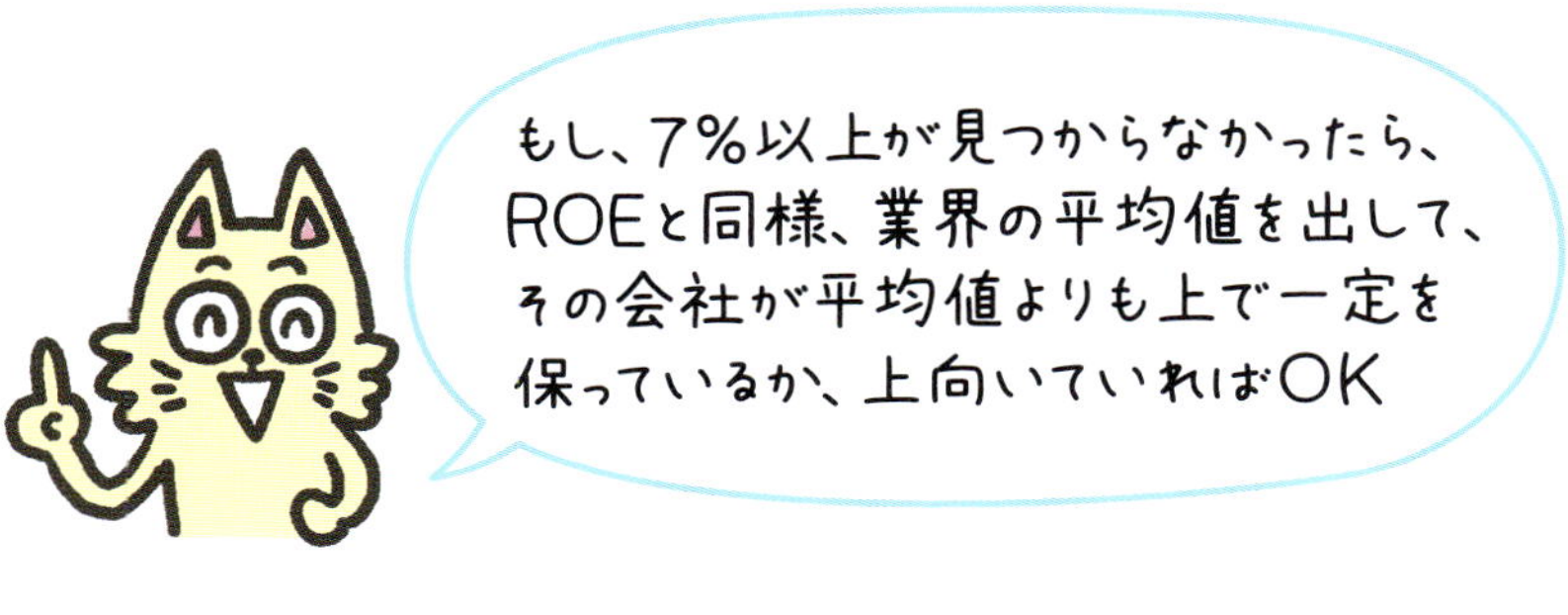
もし、7%以上が見つからなかったら、ROEと同様、業界の平均値を出して、その会社が平均値よりも上で一定を保っているか、上向いていればOK

35

買うタイミングを見極める①

優良株が安いときをねらう

大切なのは いかに安いときに買うか

続いて、株を買うタイミングについて話します。

これまで業務内容・財務内容から優良な会社を見極めてきました。ただ、これらにかなった会社でも、投資家の今後への期待が高いなどの理由で、**すでに会社本来の価値以上に株価が高くなってしまっていること（割高）もあります。**

それでは買っても利益になりません。

バリュー投資のキモは、いかに安いところで買うか。成長株であれば、多少割高なところで買っても、それ以上に値上がりはするでしょう。

とはいえ、**利ザヤはどうしても小さくなるので、「割安（バリュー）」なときに買うよう心がけたいものです。**

割安を見つける 最もカンタンな方法

その手段として次ページでは最も基本的な指標であり、日本の投資家にもおなじみの「ＰＢＲ」を活用するやり方を解説します。

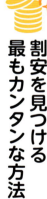

注意点としては、たとえ今は割高で買うタイミングでなかったとしてもあきらめないことです。評価基準をクリアした優良銘柄なので、タイミングがきたら買えるようとっておき、定期的に指標を見直すのも手です。

バフェットの言葉

絶好の投資機会とは、優良会社が異常事態を受けて株価が適切でなくなったとき

優良株を選んだら

株が割安なときをねらう

- 会社が有能である（PART3）
- 競合他社に負けない特性がある（PART3）
- 財務内容に問題ない（PART4）

こんな優良株を安く買う

●たとえば資産価値1000円の会社

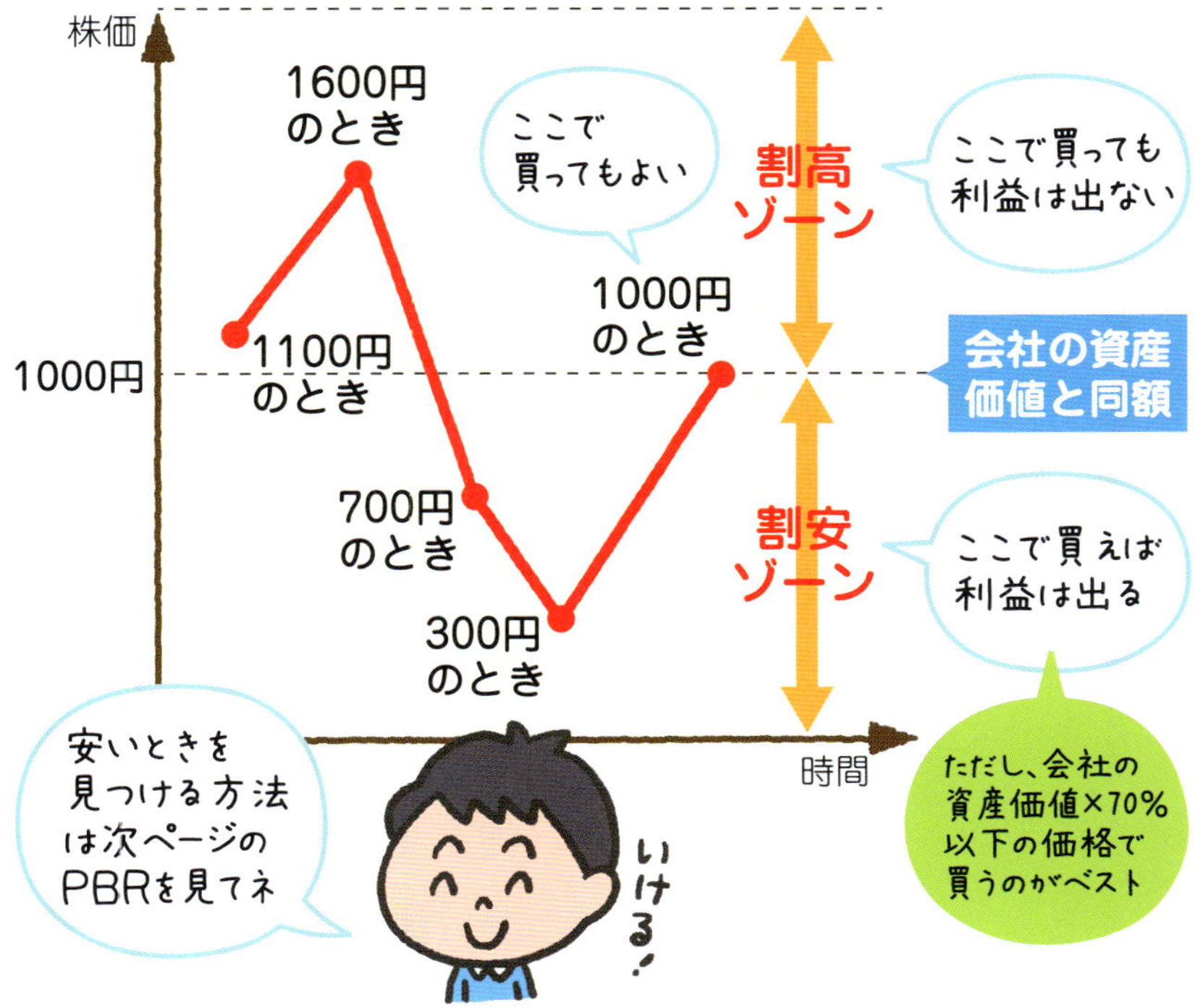

36

買うタイミングを見極める②

PBR0・7倍以下のときに買う

PBRで割高か割安かがわかる

PBRとは「Price Book-value Ratio」の略で、和訳では「株価純資産倍率」。「株価÷1株あたり株主資本（BPS）」で計算します。なお、BPSは「資本÷発行済み株式数」で計算します。

PBRは証券会社の口座のマイページや『Yahoo!ファイナンス』などの金融情報サイトに出ています。また、会社のアニュアルレポート（年次報告書）のなかにも載っていることがあります。それだけ、誰もが見るポピュラーな指標なのです。

PBRは、その会社の資本に対して株価がどの程度かを示します。通常は1倍を超えれば「割高」、下回れば「割安」と判断します。1倍以下で低ければ低いほど、割安の度合いは高いことになります。

割安さをより確実にする

私の場合、一般的な目安の「PBR＝1倍以下」ではなく、より割安に買うため、「PBR＝0・7倍以下」を基準にしています。一般の基準より30％下げているのは、割安さがより確実になるからです。

これまであげた条件をクリアし、さらにPBR0・7倍以下であれば、「買い」サインの点灯です。

バフェットの言葉

企業の内在的な価値と株価の差を利用して利益を得ることに尽きる

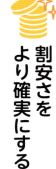

PBRから
株価が割安か割高かわかる

PBR（株価純資産倍率）
＝株価÷1株あたり株主資本(BPS)

※BPS＝資本÷発行済み株式数
➡企業の安定さを見る

会社本来の価値よりも、株価が割安（安く）になっているかがわかる

●本書によるPBR0.7倍以下の背景

業績や資産に問題はないが、何らかの影響で株価が下がっている

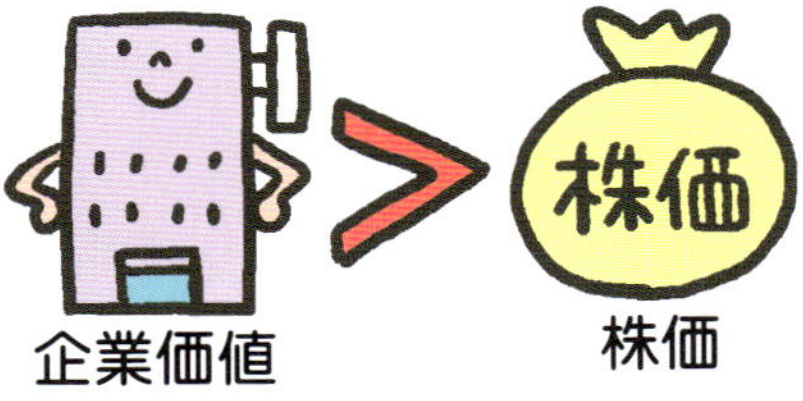
株価
企業価値
株価

本書では割安の基準を0.7倍としているが、少なくとも1倍以下で！

※一般に負債の多い金融機関においては、PBRの数字では割安さを測れないことがあります

Column

投資の失敗談　ケース④

割高で買ってしまって利益が出ない……

Dさんは日ごろから会計に関連する仕事をしており、財務諸表の見方はお手のもの。企業分析も好きな、少しめずらしいタイプの投資家です。

しかし、そんなDさんでも株式の運用はうまくいきませんでした。さすがに選び抜いた優良銘柄を買っているので、損はしていません。一方で、資産がぜんぜん増えていかないのです。

その理由は明らかです。Dさんは株価が高いときに買っていたのでした。Dさんは「相場が荒れて下落基調のときは、投資をするのは怖い。相場全体が好調なときに買う」というポリシーをもっていました。ゆえに、優良株を安く買うという考えがなく、結果的に割高なところで買うことが多くなっていたのです。

優良株を買うべき局面はむしろ、相場が暴落しているときのほうが多いのです。リーマン・ショックのときも多くの企業や投資家が大打撃を受けました。

ただ、ふだんなら高値で取引される優良株を暴落時に割安で買って、後に大成功した投資家もたくさんいます。

誰しも相場が不調のときは、投資をしていいものか不安になってしまいます。しかし、**本当に優良な株は、一時的に値を下げても、必ず後で盛り返します。**

これまでのDさんの敗因は、それを考えていなかったこと。今後、もし暴落局面が来たら、Dさんは保有する株をさらに買い増そうと決めています。

PART 5

買う前・売る前に大切なこと

37

スペシャリスト頼りは要注意

買う前の最終確認①

特定の人が会社を支えていないか

ここでは、株を買う前に最終確認しておきたいことや、買った後に注意しておきたいことを話します。

まず、買う前の最終確認について。どんなにいい会社であっても「その会社がどのくらい成長しそうか」を、もう一度たしかめておきましょう。

その1つに**「その会社の従業員にものすごいスキルをもつ人がいて、その人のおかげで会社の業績が上向いている場合」**があります。もしそうだったら要注意です。わかる範囲で構わないのでチェックしてください。

誰でも動かせる仕組みになっているか

「それの何が悪いの？」と思われるかもしれませんね。

ですが、ビジネス自体の良さではなく、個人の能力によって業績が伸びているとなると、今後の大幅な拡大は望みづらくなります。その人が辞めたり、他社に引き抜かれたりしたら、会社はカンタンに価値を失ってしまうのです。よって、カリスマのような人が支えている会社は危険だと思ってください。

たとえその人がいなくなっても、誰でも代わりが務まるようなビジネスの仕組みが整っている会社が理想です。

バフェットの言葉

愚かな人でも経営できるビジネスに投資すべき。どんなビジネスにも愚かな経営者が現われるから

より確実にするために

最後に確認しておきたいこと……その1

❶ 個人的な能力に頼っていないか

カリスマと呼ばれる人が、よく話題に上っていないか気をつけてみよう

そんな会社は

- カンタンにエコノミック・モートをなくす
- 労争や騒動になりやすい

❷ 競争管理ができているか

経営者がころころ代わるような会社ではないか、気をつけよう

そんな会社は

不安定な経営で、競争に勝っていけない

経営陣が頻繁に入れ替わっていないかも要チェック

業績が良くて成長しているにもかかわらず、経営陣がよく入れ替わる会社があるが、これも要注意。

次つぎと、これまでとは考え方の異なる経営陣が別事業への進出や方向転換に走り出してしまうと、**従来の事業がおぼつかなくなり、経営が不安定になるおそれがある。**

38

買う前の最終確認②

値上げできない会社は要注意

力のある会社は自信をもって値上げする

会社が「値上げを断行できる力」をもっているかどうかも、購入前に今一度確認しておきたいポイントです。

モノの価値が上がってお金の価値が低くなるインフレ局面になると、モノやサービスを提供する会社は、値上げしないと損します。

しかし、どの業界にも競合相手がいます。値上げをしたことで、これまでの顧客が別会社のモノやサービスに乗り換えてしまうおそれもあるでしょう。

ただ、たんに**値上げによって顧客が離れていくようでは、そこに強固なブランド力や技術力がない証拠です**。たとえばマイクロソフトなどは、これまでに何度か製品を値上げしていますが、それによって顧客をたくさん失ったというようなことはありません。

安易に価格競争に走らなかった会社かどうか、もう一度吟味してみましょう。

価格勝負に依存すると会社自体が弱くなる

これといった特徴もない会社だと、値下げして顧客獲得に努めますが、利益が減り、会社の体力が削られます。

やはり、強いブランド力や固定ファンに支えられ、必要に応じて価格を上げられる会社のほうが強いのです。

バフェットの言葉

一流企業は値上げしても競争に勝てる。三流企業はわずかな値上げさえ神頼み

より確実にするために

最後に確認しておきたいこと……その2

1 必要に応じて値上げを実施できるか

- 価格を上げても顧客を逃がさない
- 競合商品が増えても安易に値下げしない

ちなみに

価格が上がる理由は、インフレによる物価上昇のほかにも
- 原料・資材の高騰
- 為替の影響

などたくさんある

2 技術革新についていけているか

技術はどんどん進化していく
▼
それに乗り遅れていないか？

もっとくわしく!!

インフレならいいというわけではない

インフレとは、モノの値段（物価）が上がって、お金の価値が下がる状態。逆に、物価が下がり、お金の価値が上がる状態を「デフレ」と呼ぶ。

インフレ局面では、物価が上がることでさまざまな会社の収益が増え、従業員の給与も増加する。**消費も積極的になり、一般的に好景気になる。**

ただし、インフレが行き過ぎると、モノの値段が上がり過ぎて買えないという状況になり、お金が回らなくなって不景気になる。

39

買う前の最終確認③

配当金も貴重な利益

目的はあくまでも資産形成

株で得られる利益には、株価が上がったときに得られる「**値上がり益**」と、その会社が株主に対して出す「**配当金**」があります。

配当金とは、会社が利益の一部を株主に還元するもの。配当金がない会社もあります。

アメリカ株での利益はおもにその2つですが、日本株にはこれらに加えて「**株主優待**」もあります。これは、株主に対する会社からのお礼のようなものです。日本ではこの株主優待を重宝する投資家も多くいます。

ただ私は、値上がり益以外で受け取るなら、配当金という資産形成につながる現金収入を重視しています。

値上がり益なら「新興企業」配当金なら「大企業」

値上がり益なら、急成長している新しい会社や小さい会社のほうがねらえます。なぜなら、赤ちゃんが急成長するように、これらの会社も大きなカーブを描きながら成長する可能性があるからです。しかし、小さいがゆえにリスクもともないます。

一方で**安定した高い配当金を出す会社には、すでに成長期を過ごした大企業が多いのです。**

この2つの意味するところをしっかり把握して投資しましょう。

バフェットの言葉

動かないことが効果を上げることもある。とはいえ、大抵の投資家はつねに売り買いしないと落ち着かない

資産を増やすために

配当金にも注目しよう

配当金とは

会社は利益の一部を“配当”として株主に還元

配当・株主優待を受け取るには、会社の権利確定日(決算日)の3営業日前までに買っておく

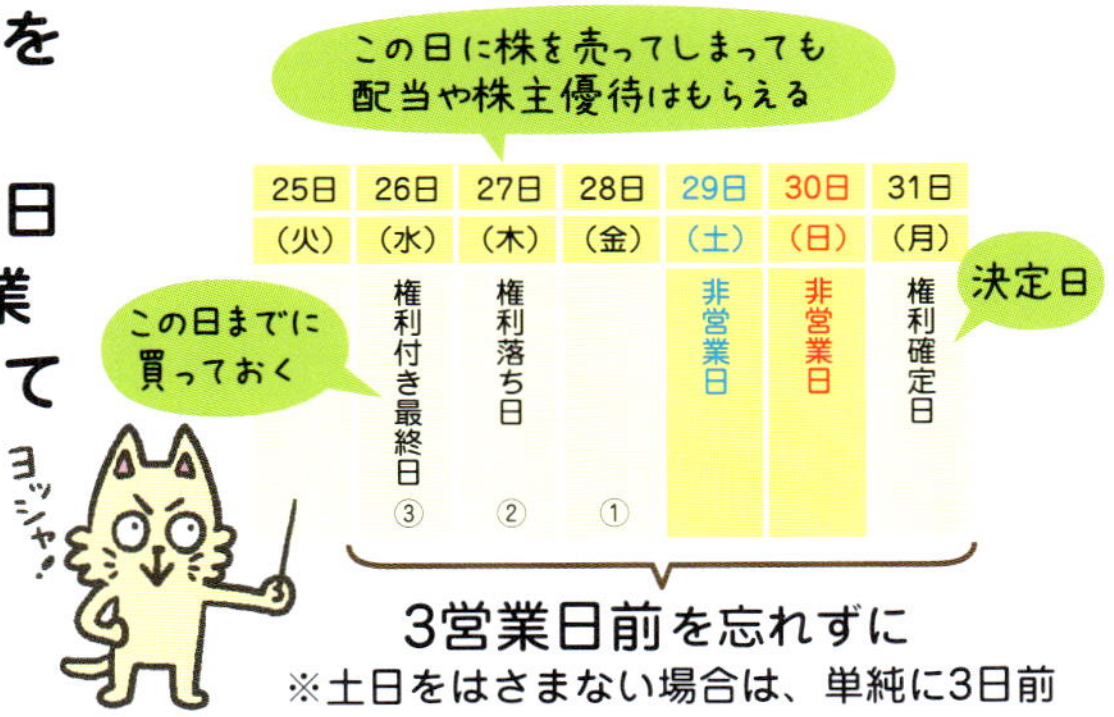

株主優待を重視する会社も多い

株主優待とは年に１～２回、株主に対して、会社が贈呈するお礼の品。会社によってまちまちだが、1000株以上など一定数以上をもっている株主を対象に贈られる。

優待品の内容は「QUOカード」や商品券などの金券、お米、特産品、自社製品、カタログギフト、レストランの優待券・割引券などが多い。

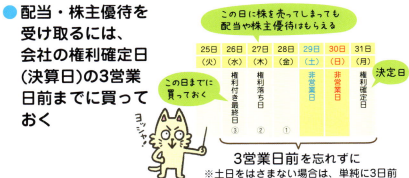

40

買う前の最終確認④

配当利回り1％以上が目安

高ければいいというわけではない

株式投資にとって「配当金」も貴重な利益です。めぼしい会社がどのくらいの配当金を出しているかもチェックしておきましょう。

配当金に関する指標で最もポピュラーでわかりやすいのは「配当利回り（％）」。「1株あたりの配当金÷株価×100」で算出します。仮に、1株あたりの配当金が10円で、株価が1000円なら、配当利回りは1％です。

配当利回りは高いほうがいいと思われがちです。ただ、**業績不振などの理由で株価が暴落しているようなときも、利回りは高くなってしまいます。**

なので、会社の業績などに問題ないということが、まずは大事です。

たとえ1％でも預金よりもずっとマシ

日本株の場合、業績に問題のない会社で、配当利回りが1％を超えていれば、そこそこ利回りは良いといえます。

ちなみに、日本株だと配当金は年1～2回出ますが、アメリカ株は年4回が普通で、配当利回りももっと高い会社が多いのです。

とはいえ、利回り1％でも、平均利率0.001％の**銀行預金の金利よりもずっと高い**ので、預金するくらいなら安定した株で配当を得たほうが得なのです。

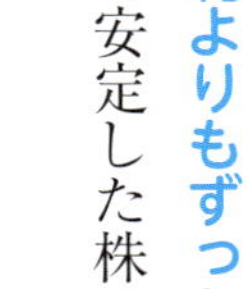

バフェットの言葉

優良企業ならどんなに市況が動揺しようとも、長期的にはなんら影響しない

資産を増やすために

長期で見ると利回り1%もばかにならない

配当利回り１％の株で運用(複利)と年利0.05％の預金(単利)の比較

❶ 株価1000円、配当利回り１％(１株あたり10円)、年２回配当の株に100万円を投資

ただし、株価は変動しないとする

❷ 年利0.05％の銀行に100万円を預金

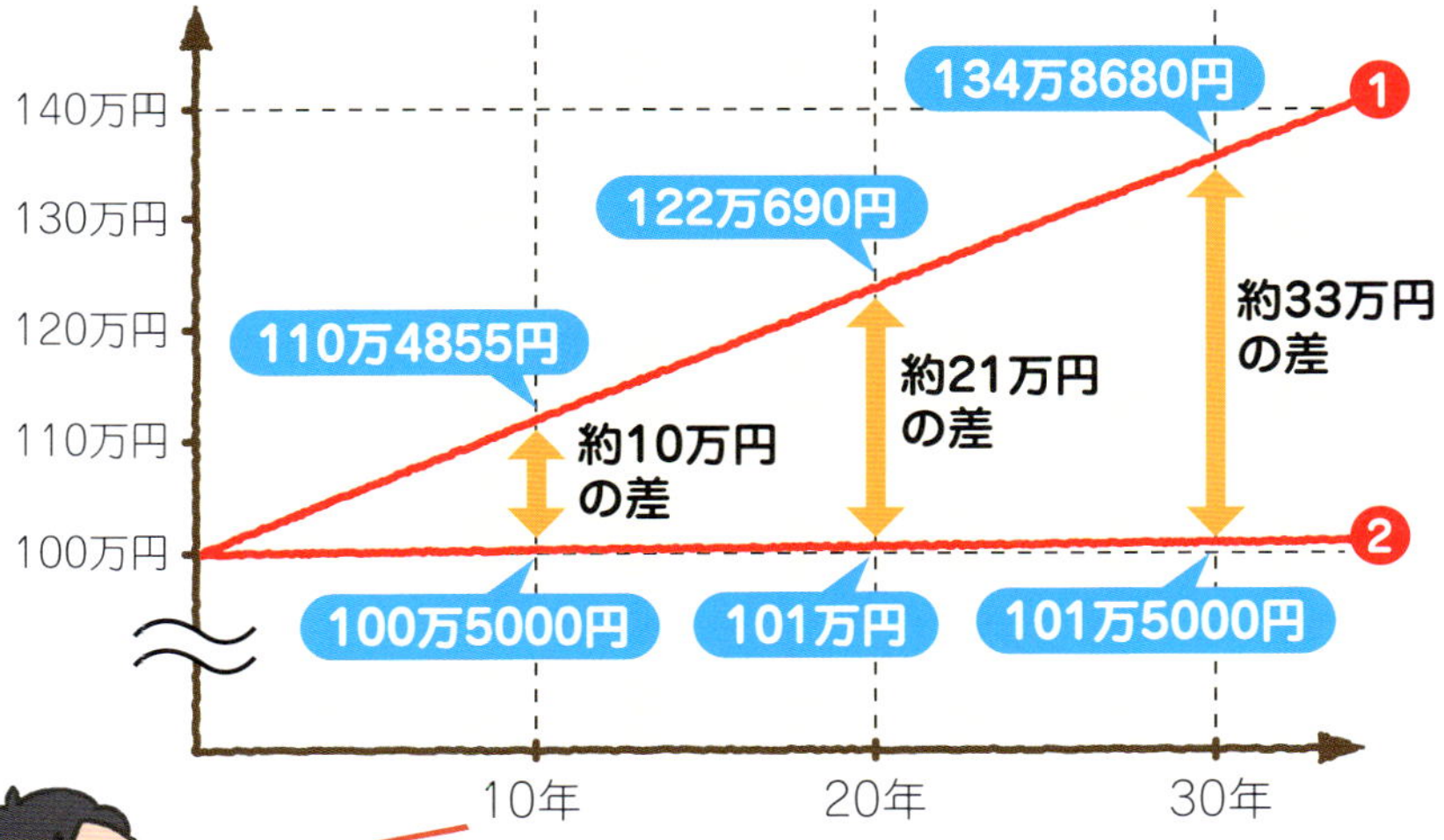

もっとくわしく!!

「配当性向」でも会社の配当方針が見える

会社が、純利益のなかからどれだけの資金を配当に回したかを表す指標が「配当性向」。「１株あたりの配当金÷１株あたり純利益（EPS）× 100」という計算式で求める。「成長のために新たな投資を考えている」などの理由で資金を蓄えている会社などは、配当性向が低くなる。日本株の場合、配当性向は20%程度が１つの目安と考えられており、配当金が多いか少ないかを見る基準になる。

余裕があれば見てみよう。

41

買う前の最終確認⑤

1つの株にほれ込まない

売りどきを逃してはいけない

やっと探し当てた会社にほれ込んでしまう人がよくいます。ほれ込んでしまうと、その会社の株を何があっても手放したくない、という思いにとりつかれがちです。

しかし、株はあくまでも利益を得るための手段。**過度に思い入れるべきではありません。**

なぜなら、株はあなたがほれ込んでいることをまったく知りません！

買ったときは良い会社であっても、その良い理由（魅力的な商品、他社を寄せつけない技術力など）が何らかの事情でなくなったら売却すべきです（124～131ページ参照）。なかなか売却できず、結局、売りどきを逃してしまった、なんてことは絶対に避けてください。

注目されない株は見切りをつける

また、ものすごく良い会社なのに、なぜか株価はほとんど動かず、市場の注目度も低いままということもあります。

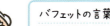

それでは、株をもつ意味がありませんし、ずっと資金を寝かせることになるので、効率的ではありません。よって、ベンジャミン・グレアムは「**ほとんど成長しなかった株は2年で売る**」などのルールを決めていたようです。

バフェットの言葉

乗った船が慢性的に浸水しているとわかったとき、浸水部を塞ごうとするよりも船を乗り換えるべき

資産を増やすために

長期投資と短期投資（トレード）を確認しておこう

長期投資

5年以上の期間を設けて、値上がり益と配当金で稼ぐ方法

長期で利益を確保するまでは配当で稼ぐ

特徴

- 会社の特性や財務状況から銘柄を選ぶ
- 一度銘柄を選んで買ってしまえば、頻繁に株価を見る必要はない

本書でおすすめです
OK

短期投資（トレード）

だいたい1日から数日の間に売買をくりかえして、値上がり益で稼ぐ方法

リターンもあるけどリスクも大きい

特徴

- その時どきのチャートの動きを分析しながら銘柄を選ぶ
- その日中、もしくは少なくとも2〜3日の間で売買をくりかえすので、株価を頻繁にチェックする必要がある

つねにチャート分析が必要
ガーン

もっとくわしく!!

長期投資も資金効率は良い

1E刻みで売買をくりかえすデイトレードなどは、少額資金で頻繁に売買し、効率的に資金を増やすが、超ハイリスク・ハイリターン。

これに対し、長期投資は基本的に買ったらしばらく放っておくので、資金効率が悪く見える。しかし、頻繁に売買しないぶん、手数料が発生せず、頻繁に利益確定しなければ税金もかからない。そのうえで**最終的に大きな値上がり益を得られれば、結果として資金効率は良い**。

42

株以外でのおすすめ①

ＥＴＦを買うのも有効

1つ買えば分散投資ができる

さて、ここまでは株の個別銘柄を買う前提で話してきました。一方で、株以外でもおすすめの金融商品があります。

それは「ＥＴＦ（上場投資信託）」です。

ＥＴＦは投資信託の一種ですが、ふつうの投資信託とちがって、株式市場に上場しています。よって株と同じように、1分1秒単位で値動きをします（通常の投資信託の値動きは1日1回だけ）。また、株と同じように売買できます。

投資信託は、投資家から集めたお金を複数の株や債券などに分散投資する金融商品です。この点はＥＴＦも同じ。**ＥＴＦを1つ買えば、複数の銘柄に分散投資したのと同じことになります。**

値下がりリスクの低減につながる

1種類の株に投資した場合、その株価が下がると損しますが、ＥＴＦなら、そのなかに上がる株も下がる株もあるので、全体の値下がりリスクを抑えられます。

ＥＴＦにもいろいろな種類がありますが、株の個別銘柄よりも少ない（200種類程度）ので、それほど研究しなくても選べます。

次ページでは、具体的に注目すべきＥＴＦを紹介します。

バフェットの言葉

すすんで投資しない人には指数に連動した、低コストのインデックスファンドがおすすめだ

資産を増やすために

ETFを活用する方法もある

ETFの特徴

❶指数と連動して動く

※次ページ参照

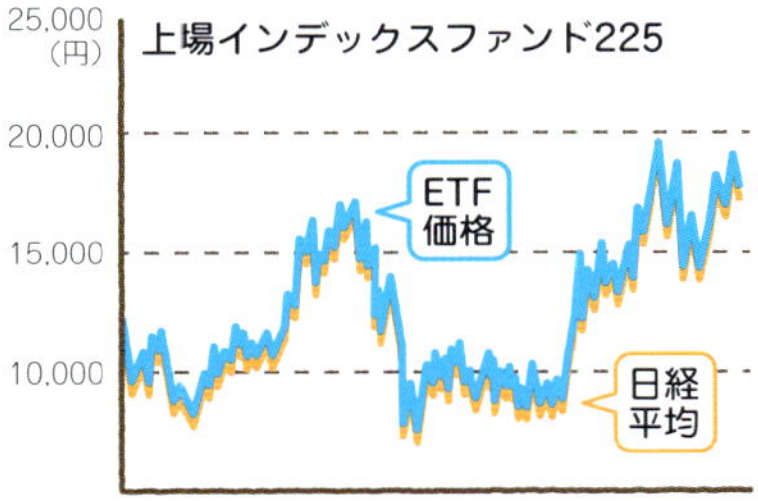

➡ 値動きがわかりやすい

❷自動的に分散投資している

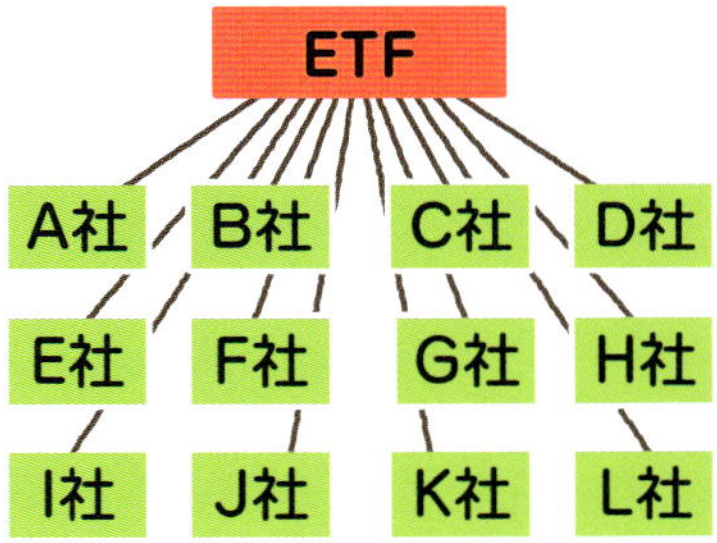

❸海外にも、株以外にも投資できる

- 日本株
- アメリカ株
- 先進国株
- 新興国株
- 中国株

など

- 株
- 債券
- 金
- 不動産
- 商品（大豆・原油・トウモロコシなど）

など

❹株と同様に売買できる

- 取引は9時〜15時
- 売買はおもに証券口座から
- 買い方は、市場価格×売買単位

→ 株と同じ

※ただし、ETFには信託報酬（保有中の手数料）がかかります

ETFは株と同じ感覚で売買できるからラク

投資信託とETFは、1種類買うだけで、複数の銘柄に分散投資する効果をもつという点が共通している。一方、投資信託が上場していないのに対して、ETFは上場しており、リアルタイムで売買できる点が株式と共通している。

ただ、ETFは通常の株式とちがって、売買のときだけでなく、**それをもっている間も手数料がかかる**（これは通常の投資信託と同じ）。

43

株以外でのおすすめ②
S&P500ETFだけに注目

ETFは指数と連動して動く

ＥＴＦには「指数」に連動した値動きをするものが多くあります（インデックスファンド）。この指数とは、日本でいうと「日経平均株価」や「ＴＯＰＩＸ（東証株価指数）」など、「株価指数」をおもにさします。

なかでも私が注目するのは「Ｓ＆Ｐ５００ＥＴＦ」というアメリカの株価指数「Ｓ＆Ｐ」に連動するＥＴＦ。**S&P500はアメリカを代表する500銘柄の値動きの方向性を示すもの**。これに投資することは、世界的大企業に分散投資するのと同じことです。

このＥＴＦをおすすめするのは成績が抜群に良いからです。なぜならアメリカは人口が増え、経済もベースは上向きなので、好調な会社が日本より多いといえるからです。

タイミングを分散させて買おう

日本でも海外のＥＴＦを通常の株と同じように買えるので、Ｓ＆Ｐ５００ＥＴＦの購入も可能です。

２０１８年１月時点で、最低投資金額は３万円前後。好調なＳ＆Ｐ５００でも、短期的な浮き沈みはあるので、**長期投資を目指してください**。また、１回買ったら終わりではなく、３か月に一度ずつ買うなど、タイミングを分散して買い増すのがおすすめです。

バフェットの言葉

私が管財人に指示するのは簡単なことだ。「資産の 10%は短期国債に、90%は S&P500 のファンドに入れてくれ」

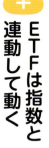

ETFのなかでも

S&P500ETFは長期投資におすすめ

もっとくわしく!!

ドルコスト平均法も使える！

ドルコスト平均法とは、金融商品を購入する場合、一度に購入せず、資金を分割して、均等額ずつ定期的に継続して投資する方法。定額購入法ともいう。

たとえば、120万円の資金を毎月、月末ごとに10万円ずつに分けて投資し、1年かけて全額投資するというもの。

このS＆P 500ETFなどの投資に向いているので活用してみよう。

なお、名称に「ドル」とあるが、通貨のドルとは関係ない。

44

売るべきタイミング①

PBRが1・2倍以上になった

売るべきタイミングは4つある

ここからは、買った株を売るべきタイミングについて説明します。

売るべきタイミングは、おもに次の4つです。

①株価が割高になったとき
②会社の特性・強みがなくなったとき
③修復不可能で不誠実な経営者の場合
④ほかにもっと良い会社が見つかったとき

まずは①の「株価が割高になったとき」。

買った株が順調に値上がりするのはうれしいことです。ただ、株には業績に見合う適正株価があるので、それを上回るほど値上がりしたら、過剰評価（**割高**）の状態です。

割高感は一例としてPBRでチェックできる

割高になったとき、そろそろ売却して利益を確定しようとする人も増えるので、いずれ値下がりします。なので、あまり欲ばらずに売却を検討したほうがいいでしょう。

割高か否かを判断するには、いくつかの方法があります。その1つはPBR（株価純資産倍率）のチェックです。

106ページで述べたように、株を買うときはPBR0・7倍以下が基本ですが、**その後の値上がりで1・2倍以上になったら割高。その売却を検討するタイミングです。**

バフェットの言葉

思い込み、先入観から解き放された客観的評価を探す

売りどきとは

株価が「割高」なことがわかったとき

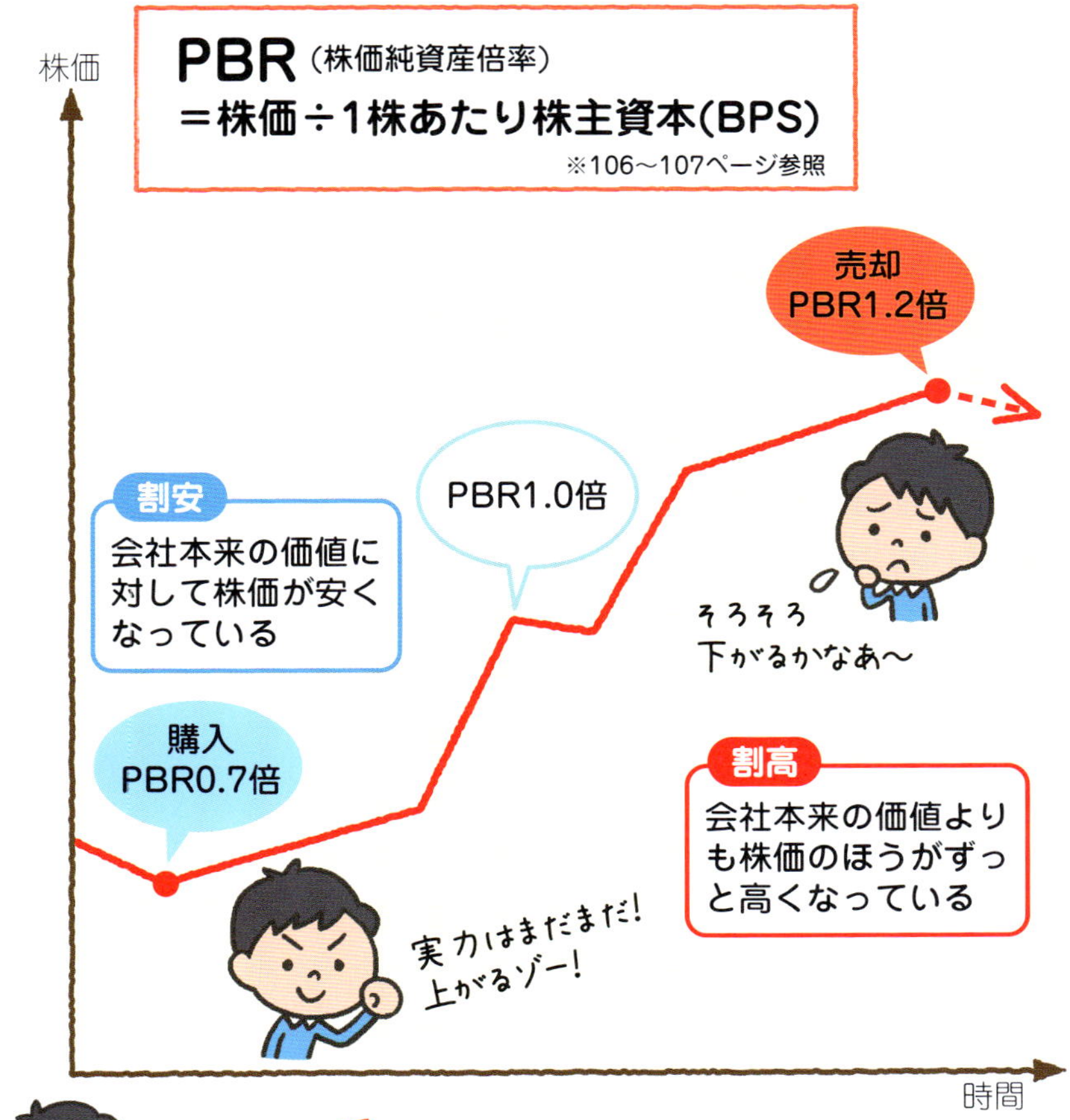

PERからも割高感はわかる

PBRのほかにも株価の割高感を測る指標として「PER（株価収益率・Price Earnings Ratioの略）」がある。PERは「株価÷1株あたり純利益(EPS)」か「時価総額÷純利益」で算出する。

株価が値上がりするとPERも高くなる。そのため、**買ったときよりもPERが2倍になっていたら、すでに割高になっている可能性が高いので、売りの目安と考える**。余裕があれば見てみよう。

45

売るべきタイミング②

会社の特性・強みがなくなった

エコノミック・モートは消えることもある

これまで何回も登場しているエコノミック・モートは、同業他社に負けない特性のこと。ときには何らかの理由で、それがなくなることもあります。

たとえば、高い技術があり、それを特許で守っていた場合、特許の期限が切れたときに、エコノミック・モートを失うおそれがあるでしょう。

他社が、業界全体の勢力図を塗り替えるような技術革新に成功した場合も、エコノミック・モートを失うおそれがあります。明らかにそうなったときには、売却を視野に入れましょう。

成長が見込めなくなったら売る

つまり、会社が次のような状態になってしまったら売却を検討してください。

- **他社が市場のシェアを独占してしまったとき**
- **減収となってしまったとき**
- **株価が下落し続けているとき**

世界的な金融危機などで、相場全体が落ち込んでいるようなときは、一時的な下落の可能性もあります。**一方で、業績を落として株価も下がり続けているとなると、回復するまでに時間がかかるかもしれません。**

バフェットの言葉

相場が急落しても慌てることはない

売りどきとは

負けないはずの特性がなくなったとき

株価が下がり続けている

利益や資本金なども落ちている……

一時的なものである	永久的なものである
たとえば、株式市場全体の落ち込み、為替の影響を受けている ▼ **エコノミック・モートは残っている**	▼ **会社のエコノミック・モート自体がなくなっている**
回復の可能性大 ↓ **まだもち続ける**	回復の可能性小 ↓ **全部売却**

もっとくわしく!!

業績とは関係なく株価が下がっても問題ない

株価は、会社自体の業績とは関係のない理由で上下動することがある。たとえば、世界規模での金融危機が起こり、大部分の株が暴落するような局面では、個々の会社の業績とは関係なく株が売られる。

また、為替の影響も大きい。たとえば日本の輸出企業だと、大幅な円高になると利益が縮小するため、株が売られる傾向も見られる。

ただ、**会社自体に問題がなく一時的に売られているだけなら、早めに回復する可能性は高い**。むしろ安くなったぶん、買いの好機ともいえる。

46

売るべきタイミング③

もっと良い会社が見つかった

乗り換えすぎると利益を伸ばせない

入念にふるいにかけて買った株でも、保有しているうちにもっと魅力的な会社が現われて、保有価値が薄れる場合があります。

資金があり、先に買った株もまだ成長が見込めるのであれば、単純に保有する銘柄数を増やせばすみます。

しかし、資金が少なく、新たな株を買うには別の株を手放さなければいけないこともあるでしょう。そんなときは、**もっていた株を手放して、新たな株を買ってもいいのです。**

ただ、前に買った株が値下がりした状態で売ると、損をします。それでもどうしても買うべきなら仕方ありません。ですが、いろいろな株に目移りしてしょっちゅう乗り換えていると、利益が出なくなってしまいます。

株選びの段階でしっかり研究する

私がこれまでに話してきた投資法では、最低でも過去5年ぶんの業績を見ることを重視しています。そのため、新たに良い会社が次つぎ見つかるということは、そもそも投資先を分析している段階で、その見極めが甘いということになります。

良い株を買い、長くもつというスタイルを守るためにも、**株選びの段階で時間をかけることが大切なのです。**

バフェットの言葉

どんなに時間がかかっても、期待どおりに成長する企業なら何の問題もない

売りどきとは

こんなときも売却を考えよう

ウォーレン・バフェットの話

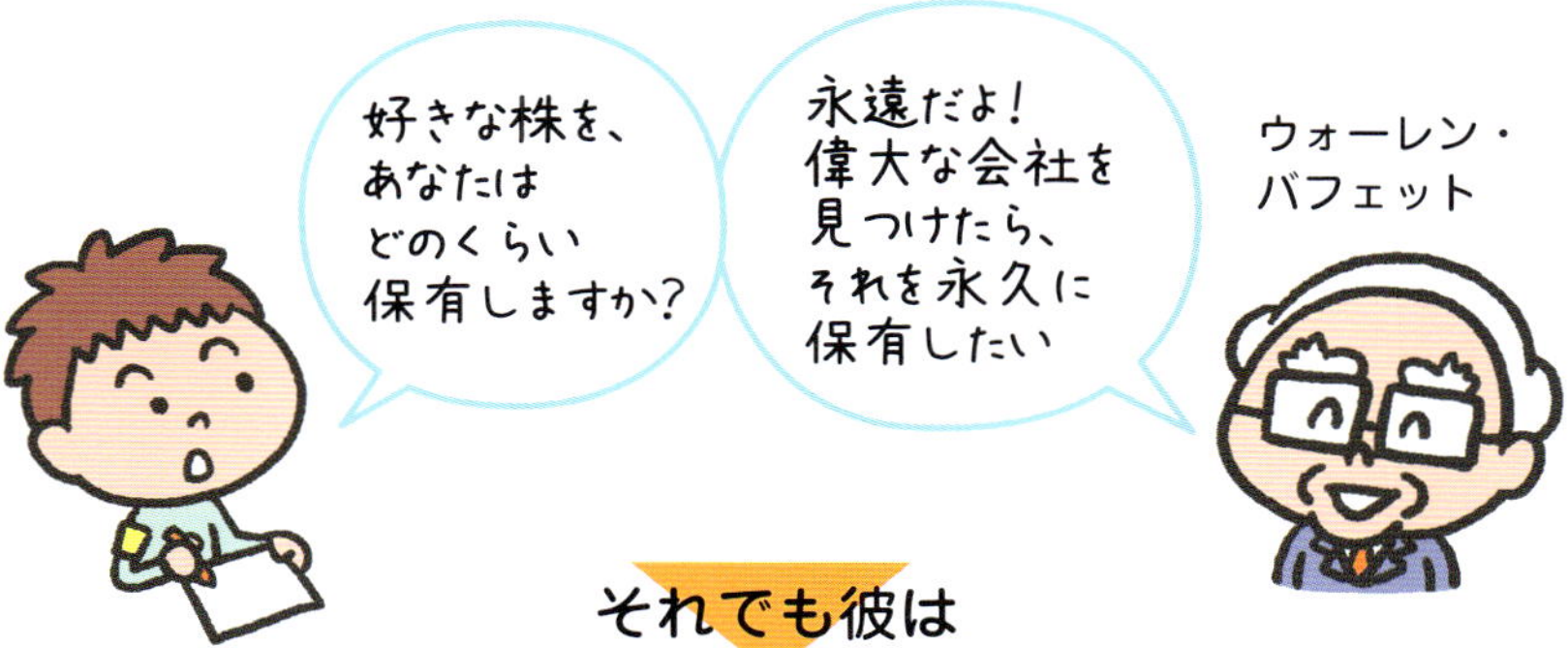
好きな株を、
あなたは
どのくらい
保有しますか？
永遠だよ！
偉大な会社を
見つけたら、
それを永久に
保有したい
ウォーレン・
バフェット

それでも彼は

偉大な会社でも売りに出していた！！

ほかにもこんなときは、
もっている株の売却を考えよう！！

- これまで株価が割高だった優良会社が、割安に転じたとき
- 評価する段階での間違いに気づいたとき
- 株価が高騰してしまったとき
- 経営者が不誠実で、修復不可能なとき

余裕があれば

47

売るべきタイミング④

売り注文を予約しておく

指値注文を出しておけば売りそびれない

本書で紹介している長期スパンでの投資法では、一度株を買ってしまえば、それを頻繁にチェックしなくても大丈夫です。

経済ニュースをある程度押さえることは大切ですが、少なくとも毎日パソコンに張りつく必要はありません。

さらに、**売りどきを逃さないよう、あらかじめ売りの指値《さしね》注文を出しておくと安心です。**

注文はその日かぎりではなく「今週中」など期間を指定できる証券会社が多いので、便利です。もちろんその期間内に、株価が売り注文の値にならなければ売買は成立しません。

ＰＢＲなどの指標で売値を決める

売値の指定ですが、仮にＰＢＲ（株価純資産倍率）１・２倍以上で割高と判断して売るとしましょう。ＰＢＲの計算は「株価÷１株あたり株主資本（ＢＰＳ）」。仮に今の株価が７００円で、ＢＰＳが６５０円なら、ＰＢＲは１・０７倍です。

仮にＢＰＳが現状から変わらないとすると、株価が７８０円まで上がったとき、ＰＢＲは１・２倍になります。そろそろ売りどきかなあと思ったら、目安として、この７８０円で指値注文をしておくというのも手です。

バフェットの言葉

（優良銘柄を見極めたら）景気が悪くなって株価が下がってもけっして売らないこと

売りどきに備えて

あらかじめ売却する株価を予約しておくのも手

指値注文を使って、売値を決めておこう

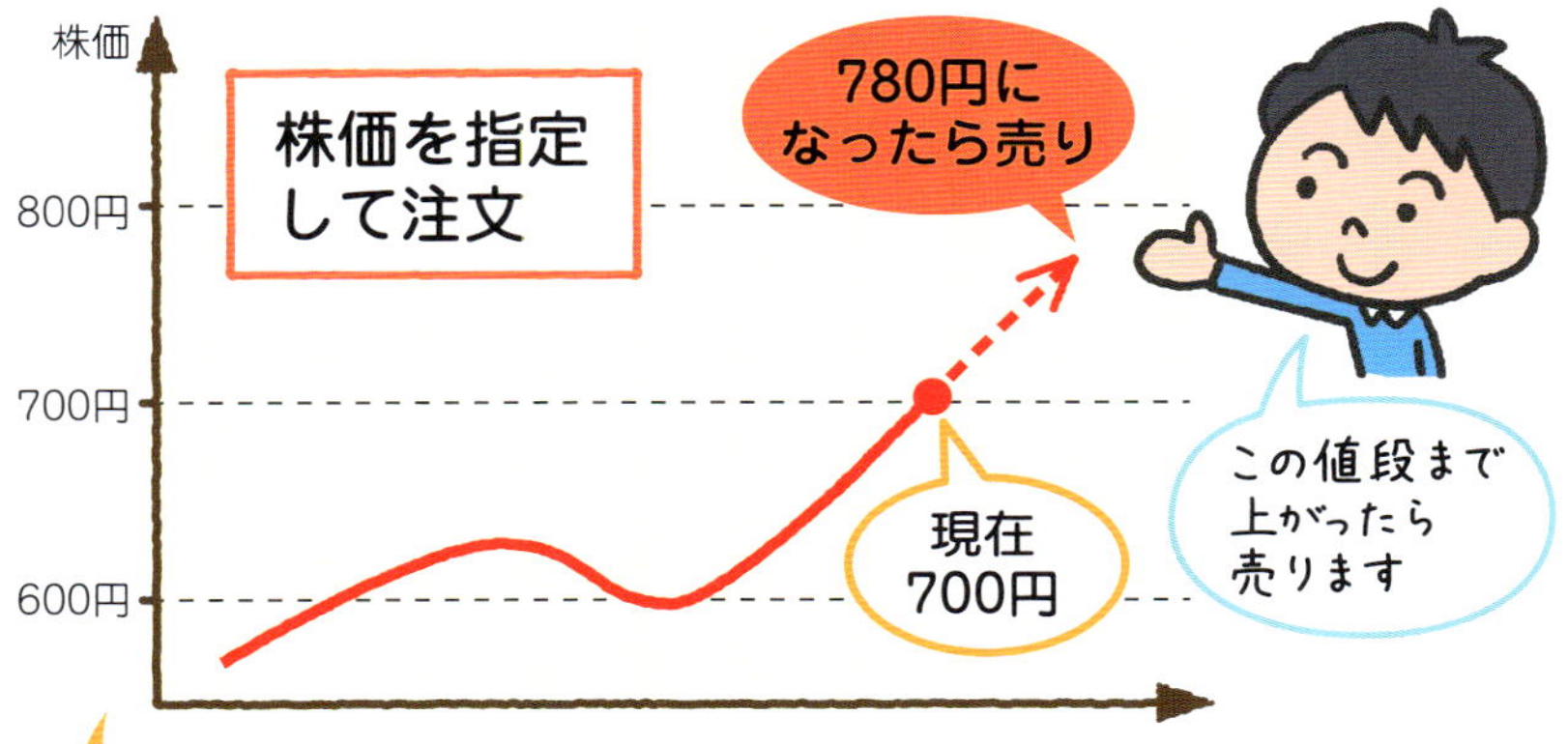

高く売りたいときに使う

BPS（1株あたり株主資本） × PBR（株価純資産倍率） ＝ 株価

650円 × 1.07倍 ≒ 700円

650円 × 1.20倍 ＝ 780円

要注意

48

売るべきとはかぎらない
不祥事が起こったとき

粉飾決算や重要データの改ざんが発覚

会社の不祥事といえば、「粉飾決算」が代表格です。粉飾決算とは、本来は会社の経営が厳しいにもかかわらず、決算の数字を良く見せかけることをいいます。

また、日本では自動車メーカーなどで、品質データの改ざんが相次ぎました。これも不祥事の典型例といえます。ほかにも不良品による事故、汚職、食品偽造などがあります。

このような不祥事を起こした会社に復活の見込みがまったくなく、**いずれ倒産するとしか思えない場合、早急にもっている株を売らなくてはなりません。**

不祥事後は「購入」のチャンスでもある

もっとも、不祥事を起こした会社に復活の機会がまったくないわけではありません。

たとえば、日本マクドナルドは、中国の工場で使用期限切れの鶏肉を使っていた問題が明るみになり、一時期業績が低迷していましたが、その後は好調に転じています。その背景には、組織改革や大胆な方向転換がありました。また、もともとゆるぎないブランド力をもっていたということもあります。

むしろ、**不祥事を起こしてから経営者が変わって組織改革が行われた、という場合は「購入」のチャンスでもあるのです。**

バフェットの言葉

悪い人間と、良い取引はできない

不祥事が
一時的に終わるか永久か

オリンパスの場合

2011年に「粉飾決算」が発覚

▼

発覚前まで2745円だった株価が、
発覚後、460円にまで暴落

▼ その後

- 経営体制の刷新といった企業努力
- もともと製品への信頼が厚かった

▼

2018年1月には、株価4525円まで回復
➡ 7年間で株価は9倍に！！

経営者が代わって
会社が生まれ
変わったとき
チャンスも訪れる!!

タカタの場合

2000年～08年の間に製造した、
自動車の「エアバッグ」に不具合が発覚
（不具合の事実を隠し、製造・販売を
続けていたことも発覚……）

▼

2014年、上の事実がアメリカの
『ニューヨーク・タイムズ』で報じられ、
大規模なリコールへと発展

▼

負債は1兆円を超える規模へ
➡ 2017年、上場廃止へ

経営者が
不誠実な典型例
経営者の交代や
企業努力では解決
できない規模へ

49

ポートフォリオをつくる①

複数の株に分散投資しよう

1銘柄に集中すると資産激減のリスクがある

投資のステップ「S・E・G・A」の最後、「A」――「アセット・ポートフォリオを組む」について説明します。

アセットは「資産」、ポートフォリオは「組み合わせ、配分」といった意味です。

株式投資の大原則に、1つの銘柄にすべての資金を投資しない、というのがあります。

仮にあなたが株の研究をして、優良と判断したA社の株に全額をつぎ込んだとします。しかし、A社が不祥事を起こして株価が暴落してしまったら……あなたの資産は激減してしまいます。

このように、投資対象を1つに絞るとリスクも高いのです。それよりも、複数の株に分散したほうが、**たとえどれかが値下がりしても、ほかの株が挽回《ばんかい》してくれる可能性があるので、リスクを低く抑えられます。**

理想としては、銘柄1つにつき資金の10～15%を投資するぐらいがいいでしょう。

徐々に銘柄数を増やしてもOK

分散先が多いほどリスクが低くなりますが、資金力がともなわなければ、初めは1銘柄に投資して、少しずつ資金を追加投入し、銘柄数を増やしていくのも手です。できればちがう業種の銘柄を購入していきましょう。

バフェットの言葉

厳選した少数の銘柄に、それなりの額を投じる

利益を確実にするために

成長度合いのちがう会社への投資ポイント

●目標のゴール設定や投資家個人の性格で使い分ける

※成長度合いについては70～71ページも参照

急成長の会社

EPSの伸び20％以上

こんな人に向いている

ゴール設定

比較的短期間で結果を出し、早く目標の金額に達したい

中成長の会社

EPSの伸び5～20％

低成長の会社

EPSの伸び2～５％

こんな人に向いている

ゴール設定

長期投資を前提。配当金で定期的な収入を得ていきたい

投資家の性格

株価の変動が大きい急成長の会社を、うまくコントロールできそうにない

株を買うには最低5万円くらいは必要

投資金額の最低ラインは銘柄によって異なるが、安いものだと１万円以下で買える。ただ、あまりに安すぎる株は、業績に問題があることも多い。

業績がよく、投資先として問題のない株を探すのであれば、少なくとも５万円くらいは必要だ。逆にいうと、**５万円も用意できない状況だとしたら、株を始める段階にない（もっと貯蓄をするべき）ともいえる。**

50

ポートフォリオをつくる②

買うタイミングを分散しよう

有望銘柄を複数回に分けて投資

資金量が少ないと、たとえ優良な株であっても、100株買うので精いっぱいかもしれません。そして資金量が増えてきたら、同じ銘柄を200株、300株と買い足していくのもいいでしょう。そうすれば、株価が上がったときに得られる利益も大きくなります。

注意したいのは、**買うのは株価が下がっているとき、売るのは上がっているとき**、ということ。さらに、一度にまとめ買いせず、別々のタイミングで2~3回に分けて買うようにしましょう。

株は日々値動きしているので、高く買える日もあれば安く買える日もあります。高いときにまとめ買いしてしまうと、そこから値下がりした際、回復に時間がかかります。

タイミングを分散すれば平均取得単価が下がる

たとえば、株価が安いと思われた3月1日に100株買い、次にもっと株価が下がった4月1日に100株を買い足し、さらに値下がりした5月1日に100株買い足せば、3月1日にまとめ買いするよりも、平均取得単価を下げられます。もっとも、買ったときよりも、株価が値上がりして、買い増ししづらくなることもあります。そんなときはあせらず、下がるタイミングを待ちましょう。

バフェットの言葉

良い銘柄を見つけて、良いタイミングで買って、良い企業であるかぎりもち続ける

利益を確実にするために

安くなったときに買い足していく

●同じ数の株をちがう株価のときに買う

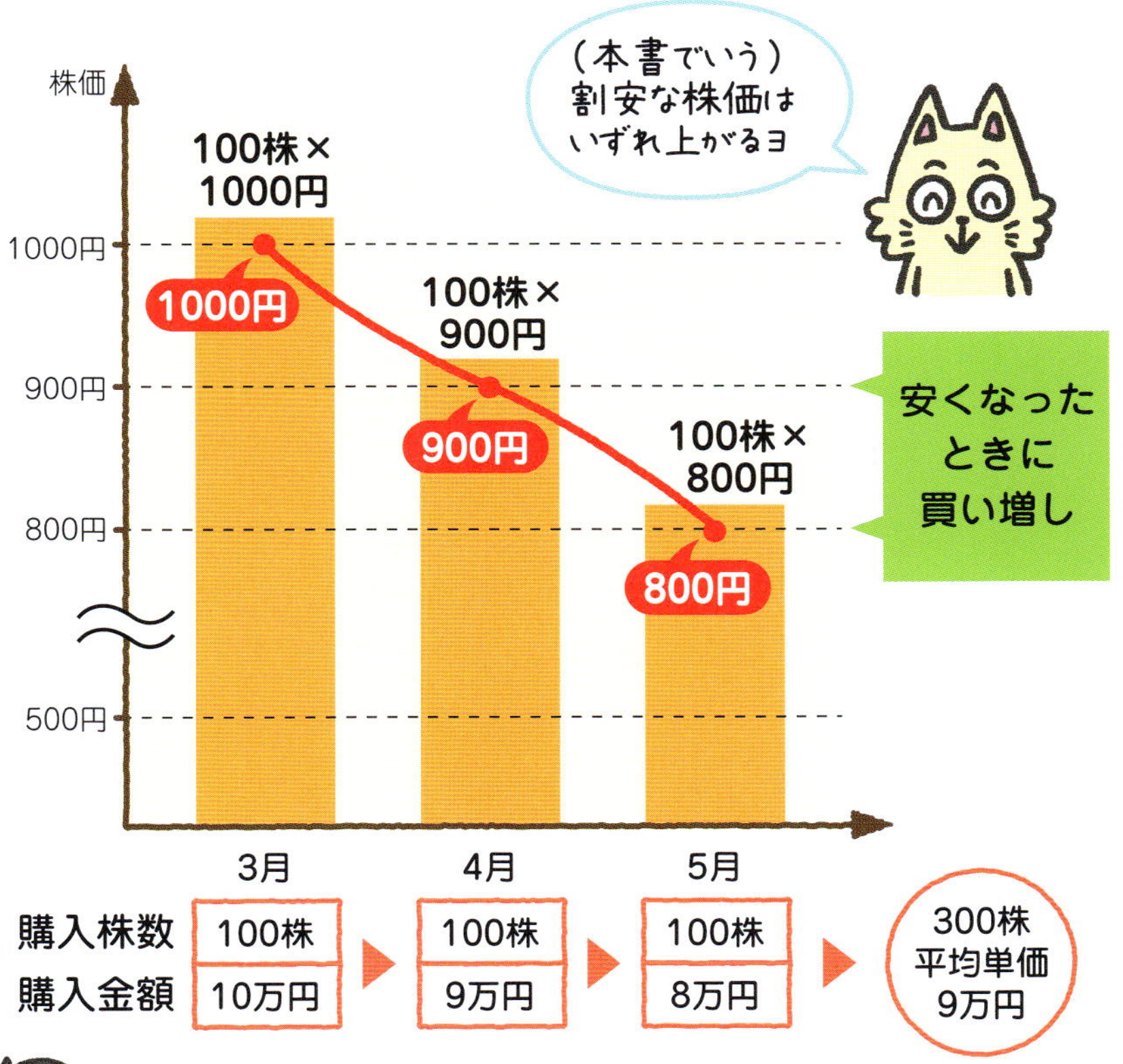

もっとくわしく!!

平均取得単価とは?

購入した株の価格の平均値。たとえば、1株1000円でまとめて300株買った場合、平均取得単価は1000円になる。

ところが1株1000円、1株900円、1株800円で3回に分けて100株ずつ買った場合は、平均取得単価が900円となる。〔(1000円×100株)＋(900円×100株)＋(800円×100株)〕÷300株＝900円。

積み立ては平均取得単価を押し下げ、**値下がりリスクを低減する**。

51

ポートフォリオをつくる③

キャッシュポジションももつ

買いの好機に備えて待つ

投資に用意した資金を、いつもフルに使う必要はありません。**多少はキャッシュ(現金)の余裕を残したうえで、ポートフォリオを組むといいでしょう。**

キャッシュは大きく2つの目的のために残しておきます。1つは何か緊急事態が発生したときのため、もう1つは新しいチャンスが来たとき、それを手にするためです。

キャッシュの余裕があれば、たとえば、金融危機などで市場全体が大幅に値下がりしたとき、これまでねらいをつけていた株を安く買うことができます。

キャッシュと株、ETFでポートフォリオを構成

理想のアセット・ポートフォリオは、投資資金全体のいくらかをキャッシュでもち、残りを複数の株、S&P500ETFなどに分散する形になります。

分散先が多いほうがリスクを減らせることは、すでにお話ししました。ただ、分散しすぎると各銘柄に関連するニュースや値動きのチェックなどに時間を取られてしまいます。

無理のない範囲の分散でかまいません。**異なる業種の株にS&P500ETFを加えて、3~5種類を目指すというのでもいいでしょう。**

バフェットの言葉

チャンスが来たときだけ行動するといい

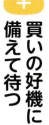

利益を確実にするために

いくつかの株に分散する

業種のちがう会社の株を買う

3～5種類の株に分散しよう

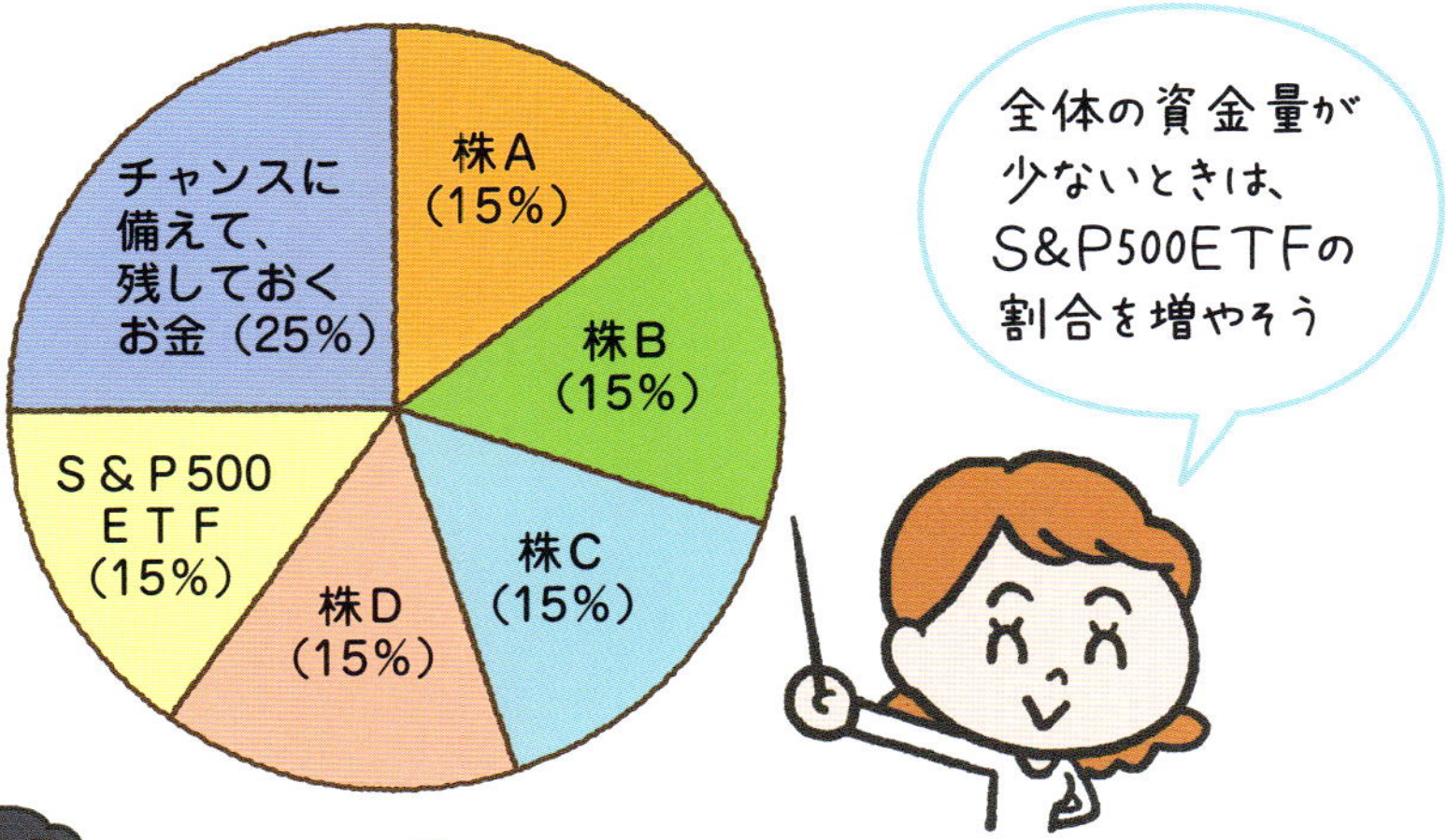

業種を分散させて買うのもいい

たとえば、外食産業の会社を研究していて、良い株をいくつか見つけた場合、外食関係の株ばかり買ってしまうこともあるかもしれない。

しかし、同じ業種の株は似たような値動きをしがち。自動車産業なら円高になって値下がりしやすいし、金利が低くなるような局面では、銀行業が一斉に値を下げる。そのため、**なるべく業種を分散させて買うと、もっている株がすべて下落するリスクを減らせる**。

用語解説

IPO（Initial Public Offering）

市場で新たに売り出された新規公開株のこと。

これまで上場していなかった株を、証券会社を通じて公募のかたちで売り出し、会社を上場させる。新規上場後は注目されることが多く、値を大きく上げたり下げたりする。

決算短信

企業の業績がわかる「有価証券報告書」は基本的に、決算から3か月後でないと発表されない。

そこでいち早く投資家へ決算の情報を知らせるために、各企業が作成するものをいう。

決算から1、2か月後に各企業のホームページなどで発表される。

証券コード

おのおのの銘柄に振られている番号のこと。銘柄コードともいう。日本では、原則として4桁の、業種ごとに近い番号が振られる。

証券会社のマイページや金融サイトで銘柄の情報を得るには、企業名だけでなく、この証券コードから検索できることも多い。

上場

証券取引所において、その銘柄を売買の対象にすること。

なお、上場している銘柄が、取引所で売買できなくなることを「上場廃止」という。上場廃止は、会社が上場廃止基準に該当したり、自主的に上場廃止を申請したりすることで行われる。

新興市場

ベンチャー企業が多く上場している市場。東京証券取引所の「マザーズ」などの総称として使われる。ほかに札幌・名古屋・福岡の取引所にもある。

各取引所1部・2部よりも上場基準が緩い。よって、成長著しい反面、業績の不安定な企業も多い。

信用取引

一定の保証金を証券会社に預けて、その数倍の金額で株の取引ができる制度。現状では預けている金額の3倍の額まで取引できる。

かりに3倍の額で取引した場合、予想通りに株価が動けば3倍の利益になるが、思惑と逆に動いた場合、損失も3倍となる。

ダウ工業株30種平均

ウォール・ストリート・ジャーナル社が発表する、アメリカの代表的な株価指数。ニューヨーク証券取引所やナスダック市場に上場している30銘柄が対象。

なお、アメリカを代表する指標はほかに、S&P500やナスダック総合指数がある。

出来高

1日、1週間など、一定期間のうちに売買が成立した株数のこと。出来高が大きく動くと株価も変動しやすい。一般的に出来高が上がると株価が上がる傾向になる。

なお、売買量ではなく、売買による金額を表す場合は「売買代金」という。

TOPIX（トピックス）

東証株価指数（Tokyo stock price index）。東京証券取引所第1部に上場する全銘柄を対象とし、同取引所が算出・公表する、株式市場の動きを押さえる代表的な指標。

1968年1月4日の時価総額を100として、それと比較し、指数化している。

日経平均株価

日本経済新聞社が発表する株価指数。日経225ともいう。

日本の株式市場の大きな動きを押さえる代表的な指標である。東京証券取引所第1部に上場しているうちの、225銘柄の平均株価で構成される。

銘柄は随時、入れ替えられている。

値幅制限

株価の異常な高騰や暴落を防ぐために、1日で変動する上下の値幅は制限されている。その幅は株価によって変わる。なお、「買い」が殺到して値幅制限いっぱいまで買われることを「ストップ高」、逆に値幅制限いっぱいまで売られることを「ストップ安」という。

ファンダメンタルズ分析

会社の業績や利益などを「財務諸表」をもとに分析すること。本書で紹介しているバリュー投資はこの分析に基づく。

一方、おもにチャートと呼ばれる株価推移のグラフを分析するのが「テクニカル分析」。これは短期売買向けに使うことが多い。

さくいん

著者

ケイデン・チャン　Cayden Chang

シンガポール出身。バリュー・インベスティング・アカデミー創設者。シンガポールや東京をはじめ、ペナン、クアラルンプール、クチン、バンコク、ホーチミン、ヤンゴン、プノンペン、香港、台湾といった、世界11都市でバリュー・インベスティング・プログラムを実施。テレビ、ラジオ、雑誌などでも積極的に投資手法を紹介している。
シンガポール国立大学で学士号・理学士号(Eコマース)・理学修士号を取得し、アメリカのコロンビア大学のブルース・グリーンウォルド教授のコース、カナダのウェスタン・オンタリオ大学のジョージ・アサナコス教授のコースを修了。
2008年、シンガポールでLifelong Learners Award 2008を受賞したほか、17年にはPersonal Brand Award を受賞。また、シンガポール経営大学とチャリティー投資型ファンドを設立、16年に「ケイデン・チャン・インスパイア賞」と称し、財政的に困窮している学生を支援している。
自著の印税をすべて寄付するなど、慈善事業も盛んに行う。自身が2度のガンを克服したことから、人生における使命は、ガン研究と緩和ケアのための寄付基金の創設である。

読者限定【無料】特典映像のお知らせ
本書に書き切れなかった「株式投資を始める前に知っておくべきこと」を動画で解説。
くわしくは以下のURLを直接入力するか、QRコードを読み込んで、専用サイトにアクセスしてください。
https://valueinvestment.net

いつの間にかお金持ち!

はじめての「株」入門

著　者　ケイデン・チャン
発行者　高橋秀雄
編集者　原田幸雄
発行所　**株式会社 高橋書店**
〒112-0013　東京都文京区音羽1-26-1
電話　03-3943-4525

ISBN978-4-471-21081-6　©Cayden Chang　Printed in Japan

本書の内容についてのご質問は「書名、質問事項(ページ、内容)、お客様のご連絡先」を明記のうえ、郵送、FAX、ホームページお問い合わせフォームから小社へお送りください。
回答にはお時間をいただく場合がございます。また、電話によるお問い合わせ、本書の内容を超えたご質問にはお答えできませんので、ご了承ください。本書に関する正誤等の情報は、小社ホームページもご参照ください。

【内容についての問い合わせ先】
書　面　〒112-0013　東京都文京区音羽1-26-1　高橋書店編集部
ＦＡＸ　03-3943-4047
メール　小社ホームページお問い合わせフォームから　(http://www.takahashishoten.co.jp/)

【不良品についての問い合わせ先】
ページの順序間違い・抜けなど物理的欠陥がございましたら、電話03-3943-4529へお問い合わせください。
ただし、古書店等で購入・入手された商品の交換には一切応じられません。